"十二五"职业教育国家规划教材
经全国职业教育教材审定委员会审定

U0727289

企业纳税会计实训

（第六版）

新世纪高职高专教材编审委员会 组编

主　编　吕献荣　杨应杰

副主编　于　磊　张　芹

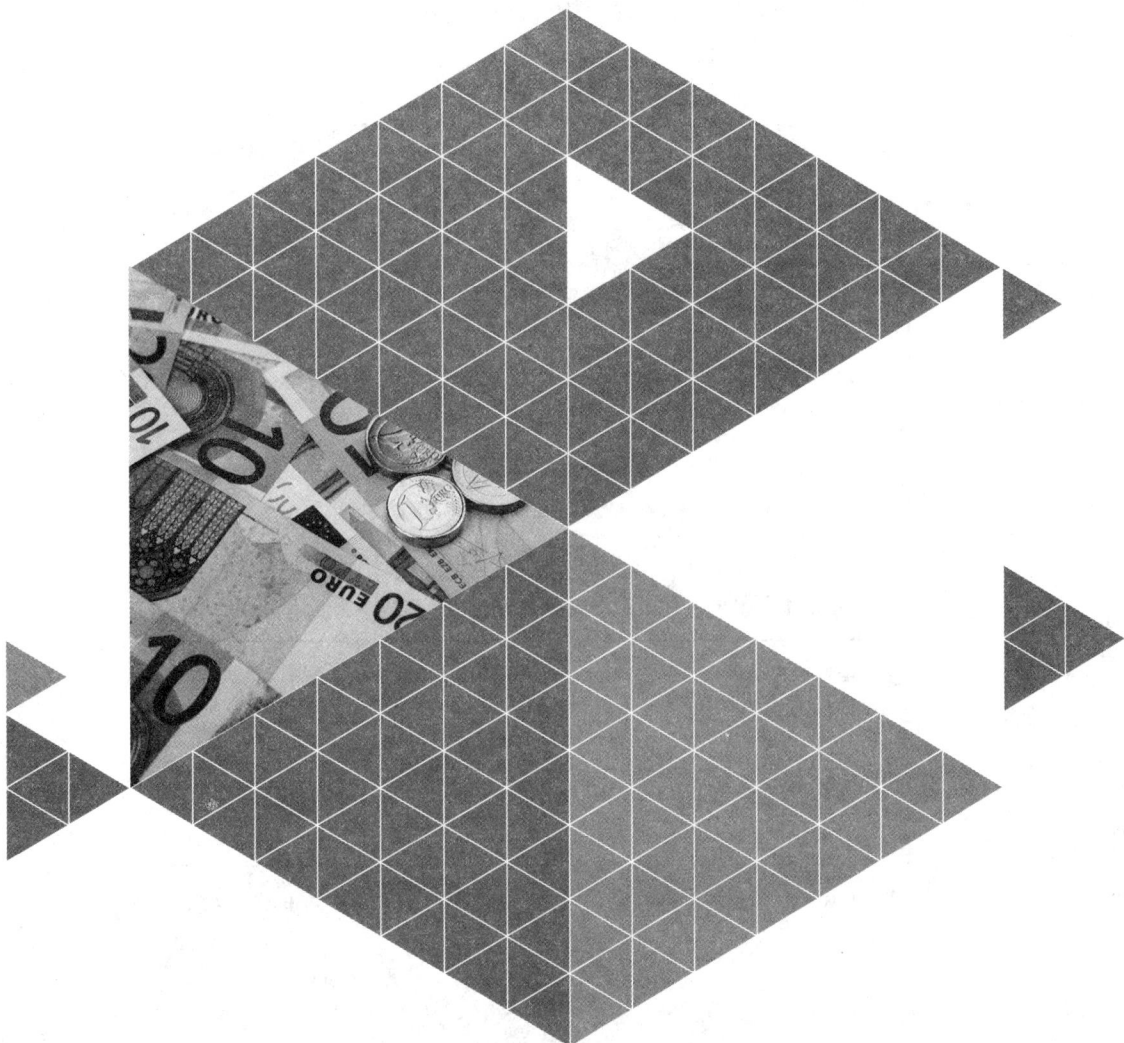

大连理工大学出版社

图书在版编目(CIP)数据

企业纳税会计实训 / 吕献荣，杨应杰主编. — 6 版
. — 大连 ：大连理工大学出版社，2016.7(2017.2重印)
新世纪高职高专会计专业系列规划教材
ISBN 978-7-5685-0477-5

Ⅰ.①企… Ⅱ.①吕… ②杨… Ⅲ.①企业管理—税
收会计—高等职业教育—教材 Ⅳ.①F275.2

中国版本图书馆 CIP 数据核字(2016)第 174154 号

大连理工大学出版社出版

地址：大连市软件园路 80 号　邮政编码：116023
发行：0411-84708842　邮购：0411-84708943　传真：0411-84701466
E-mail：dutp@dutp.cn　URL：http://www.dutp.cn

丹东新东方彩色包装印刷有限公司印刷　　大连理工大学出版社发行

幅面尺寸：185mm×260mm　　印张：9.5　　字数：219 千字
2003 年 8 月第 1 版　　　　　　　　2016 年 7 月第 6 版
2017 年 2 月第 2 次印刷

责任编辑：郑淑琴　　　　　　　　责任校对：孟珊珊
封面设计：张　莹

ISBN 978-7-5685-0477-5　　　　　　　定　价：22.00 元

总　序

我们已经进入了一个新的充满机遇与挑战的时代,我们已经跨入了21世纪的门槛。

20世纪与21世纪之交的中国,高等教育体制正经历着一场缓慢而深刻的革命,我们正在对传统的普通高等教育的培养目标与社会发展的现实需要不相适应的现状作历史性的反思与变革的尝试。

20世纪最后的几年里,高等职业教育的迅速崛起,是影响高等教育体制变革的一件大事。在短短的几年时间里,普通中专教育、普通高专教育全面转轨,以高等职业教育为主导的各种形式的培养应用型人才的教育发展到与普通高等教育等量齐观的地步,其来势之迅猛,发人深思。

无论是正在缓慢变革着的普通高等教育,还是迅速推进着的培养应用型人才的高职教育,都向我们提出了一个同样的严肃问题:中国的高等教育为谁服务,是为教育发展自身,还是为包括教育在内的大千社会?答案肯定而且唯一,那就是教育也置身其中的现实社会。

由此又引发出高等教育的目的问题。既然教育必须服务于社会,它就必须按照不同领域的社会需要来完成自己的教育过程。换言之,教育资源必须按照社会划分的各个专业(行业)领域(岗位群)的需要实施配置,这就是我们长期以来明乎其理而疏于力行的学以致用问题,这就是我们长期以来未能给予足够关注的教育目的问题。

众所周知,整个社会由其发展所需要的不同部门构成,包括公共管理部门如国家机构、基础建设部门如教育研究机构和各种实业部门如工业部门、商业部门,等等。每一个部门又可作更为具体的划分,直至同它所需要的各种专门人才相对应。教育如果不能按照实际需要完成各种专门人才培养的目标,就不能很好地完成社会分工所赋予它的使命,而教育作为社会分工的一种独立存在就应受到质疑(在市场经济条件下尤其如此)。可以断言,按照社会的各种不同需要培养各种直接有用人才,是教育体制变革的终极目的。

随着教育体制变革的进一步深入,高等院校的设置是否会同社会对人才类型的不同需要一一对应,我们姑且不论,但高等教育走应用型人才培养的道路和走研究型(也是一种特殊应用)人才培养的道路,学生们根据自己的偏好各取所需,始终是一个理性运行的社会状态下高等教育正常发展的途径。

高等职业教育的崛起,既是高等教育体制变革的结果,也是高等教育体制变革的一个阶段性表征。它的进一步发展,必将极大地推进中国教育体制变革的进程。作为一种应用型人才培养的教育,它从专科层次起步,进而应用本科教育、应用硕士教育、应用博士教育……当应用型人才培养的渠道贯通之时,也许就是我们迎接中国教育体制变革的成功之日。从这一意义上说,高等职业教育的崛起,正是在为必然会取得最后成功的教育体制变革奠基。

高等职业教育还刚刚开始自己发展道路的探索过程,它要全面达到应用型人才培养的正常理性发展状态,直至可以和现存的(同时也正处在变革分化过程中的)研究型人才培养的教育并驾齐驱,还需要假以时日;还需要政府教育主管部门的大力推进,需要人才需求市场的进一步完善发育,尤其需要高职教学单位及其直接相关部门肯于做长期的坚忍不拔的努力。新世纪高职高专教材编审委员会就是由全国100余所高职高专院校和出版单位组成的、旨在以推动高职高专教材建设来推进高等职业教育这一变革过程的联盟共同体。

在宏观层面上,这个联盟始终会以推动高职高专教材的特色建设为己任,始终会从高职高专教学单位实际教学需要出发,以其对高职教育发展的前瞻性的总体把握,以其纵览全国高职高专教材市场需求的广阔视野,以其创新的理念与创新的运作模式,通过不断深化的教材建设过程,总结高职高专教学成果,探索高职高专教材建设规律。

在微观层面上,我们将充分依托众多高职高专院校联盟的互补优势和丰裕的人才资源优势,从每一个专业领域、每一种教材入手,突破传统的片面追求理论体系严整性的意识限制,努力凸现高职教育职业能力培养的本质特征,在不断构建特色教材建设体系的过程中,逐步形成自己的品牌优势。

新世纪高职高专教材编审委员会在推进高职高专教材建设事业的过程中,始终得到了各级教育主管部门以及各相关院校相关部门的热忱支持和积极参与,对此我们谨致深深谢意,也希望一切关注、参与高职教育发展的同道朋友,在共同推动高职教育发展、进而推动高等教育体制变革的进程中,和我们携手并肩,共同担负起这一具有开拓性挑战意义的历史重任。

新世纪高职高专教材编审委员会

2001 年 8 月 18 日

前 言

《企业纳税会计实训》(第六版)是"十二五"职业教育国家规划教材和普通高等教育"十一五"国家级规划教材，也是新世纪高职高专教材编审委员会组编的会计专业系列规划教材之一，同时也是《企业纳税会计》(第七版)的配套教材。

根据"十二五"规划教材的编写要求和税制改革的有关规定，在上版教材的基础上，我们重新编写了《企业纳税会计实训》(第六版)教材。本教材与国家现行的财税政策相符，满足对学生进行基本知识和业务技能实训的需要，有助于提高学生的实践技能。

此次修订，主要改进的内容有：

将项目四修改为项目三，主要对营业税改征增值税的业务进行实训；根据资源税改革的规定对相关的实训业务进行了修改；对个体工商户生产经营所得税的业务实训也进行了修改。增值税、消费税、印花税、车辆购置税、土地增值税、契税、房产税、资源税、企业所得税、个人所得税的纳税申报表修改成最新的纳税申报表。

本实训教材的主要特点是：

1. 项目实训内容与教材体系架构配套，与实际工作岗位对接，注重业务技能实训内容的创新。

2. 注重提高学生动手能力。本实训教材有大量的基本技能题和业务技能实训题，学生能够及时进行各种业务知识的实训练习，使其在学中训、在训中学，不仅能有效地检测教学效果和学生的学习状况，还可以提高学生的实践技能，满足高职教育培养高端技能型应用人才的需要。

3. 理论与实际工作结合更密切。本实训教材考虑教学中学生对知识和能力的要求，内容排列由简到繁，由易到难，梯度明晰，顺序合理。以一个企业的某类业务作为一个实训题，要求通过相关业务进行税额计算、会计账务处理、纳税申报表填制，达到工学结合的教学目的。

本教材由山东经贸职业学院吕献荣和河南农业职业学院杨应杰担任主编，山东经贸职业学院于磊及山东永邦税务师事务所有限公司法人代表、山东潍坊东昊置业有限

公司财务总监、注册税务师张芹担任副主编。具体编写分工如下：吕献荣编写项目一、二、三、四、五、六、九、十，并负责全书的总纂定稿；杨应杰编写项目七；于磊、张芹编写项目八。

本教材可作为高职高专院校税务、会计、财务管理、投资与理财等经济管理类专业的教材，也可作为税务、会计工作者的参考用书。

为方便教师教学和学生自学，本教材配有参考答案，如有需要，请登录教材服务网站进行下载。

尽管本教材汇集了广大读者和相关院校的集体智慧和共同努力，但由于编者的水平和精力有限，书中仍可能有疏漏及不足之处，恳请各相关高职高专院校和读者在使用本教材的过程中给予关注，并将意见及时反馈给我们，以便修订时得以改进和完善。

编　者

2016 年 7 月

所有意见和建议请发往:dutpgz@163.com

欢迎访问教材服务网站:http://www.dutpbook.com

联系电话:0411-84706671　84707492

目 录

项目一

企业纳税会计基础实训

一、基本技能实训

(一)单项选择题

1.当会计准则与税法不一致时,纳税会计应以（　　）为准来调整财务会计的核算结果。

A.税法 　　　　　　　　　　　B.会计法

C.会计法和会计准则 　　　　　D.会计准则

2.根据《征管法》的规定,企业向税务机关申报办理税务登记的时间是（　　）。

A.自领取营业执照之日起 15 日内 　B.自领取营业执照之日起 30 日内

C.自申请营业执照之日起 15 日内 　D.自申请营业执照之日起 30 日内

3.纳税人税务登记内容发生变化的,应当自工商行政管理机关或者其他机关办理变更登记之日起（　　）,持有关证件向原税务登记机关申报办理变更税务登记。

A.15 日内 　　B.30 日后 　　C.15 日后 　　D.30 日内

4.按照规定不需要在工商管理机关办理注销登记的,纳税人应当自有关机关批准或者宣告终止之日起（　　）,持有关证件向原税务登记管理机关申报办理注销税务登记。

A.15 日内 　　B.30 日后 　　C.15 日后 　　D.30 日内

5.纳税人、扣缴义务人遗失税务登记证件的,应当自遗失税务登记证件之日起（　　）,书面报告主管税务机关。

A.15 日内 　　B.30 日后 　　C.15 日后 　　D.30 日内

6.纳税人年应纳税销售额超过规定标准的,在申报期结束后（　　）个工作日内按照规定办理相关手续;未按规定时限办理的,主管税务机关应当在规定期限结束后 10 个工作日内制作《税务事项通知书》,告知纳税人应当在 10 个工作日内向主管税务机关办理相关手续。

A.15   B. 40   C.30   D.20

7.从事生产经营的纳税人应当自领取营业执照或者发生纳税义务之日起（　　　）设置账簿。

A.15 日内   B.20 日内   C.30 日内   D.40 日内

8.凡从事生产经营的纳税人必须将所采用的财务、会计制度和具体的财务、会计处理办法,按税务机关的规定,自领取税务登记证件之日起（　　　）,及时报送主管税务机关备案。

A.15 日内   B.20 日内   C.30 日内   D.40 日内

9.增值税专用发票基本联次为三联,销售方应将（　　　）交给购货方。

A.发票联   B.抵扣联

C.抵扣联和发票联   D.记账联

10.不能按照规定安装、使用税控装置,或者损毁、擅自改动税控装置的,由税务机关责令限期改正,可以处以 2 000 元以下的罚款;情节严重的,处以（　　　）的罚款。

A.2 000 元以上 5 000 元以下   B.2 000 元以上 1 万元以下

C.2 000 元以上 2 万元以下   D.1 万元以上

11.纳税人账簿、凭证、财务会计制度比较健全,能够如实反映生产经营成果,正确计算应纳税款的,税务机关对其采用的税款征收方式是（　　　）。

A.定期定额征收   B.查验征收   C.查账征收   D.查定征收

12.下列各项中,不需要办理税务登记的是（　　　）。

A.从事生产经营的事业单位   B.取得工资、薪金的个人

C.企业在外地设立的分支机构   D.个体工商户

13.税务机关对自然人纳税人采取税收保全措施时,下列物品中不得采取税收保全措施的是（　　　）。

A.车辆   B.豪宅

C.单价 5 000 元以下的生活用品   D.古玩字画

14.因纳税人、扣缴义务人计算错误等失误,未缴或者少缴税款的,税务机关在 3 年内可以追征税款、滞纳金;有特殊情况的,追征期可延长到（　　　）。

A.5 年   B.6 年   C.8 年   D.10 年

15.下列各项中,不符合税收征收管理规定的是（　　　）。

A.采取税收保全措施时,冻结的存款以纳税人应纳税款的数额为限

B.采取税收强制执行措施时,被执行人未缴纳的滞纳金必须同时执行

C.税收强制执行的适用范围不仅限于从事生产经营的纳税人,也包括扣缴义务人

D.税收保全措施的适用范围不仅限于从事生产经营的纳税人,也包括扣缴义务人

（二）多项选择题

1.纳税会计的核算基础有（　　　）。

A.权责发生制   B.收付实现制   C.A 和 B   D.A 或 B

2.下列各项中,属于法定税务登记事项的有（　　　）。

A.开业税务登记   B.注销税务登记   C.停业税务登记   D.临时经营税务登记

3.根据有关法规规定,不从事生产经营,但依照法律、法规的规定负有纳税义务的单位和个人,除（　　　）外,都应按规定向税务机关办理税务登记。

A.临时取得应税收入或发生应税行为　B.只缴纳个人所得税

C.只缴纳车船税　　　　　　　　　　D.只缴纳房产税

4.纳税人办理税务登记后,如发生下列(　　)情形,应当办理变更税务登记。

A.改变法定代表人

B.改变住所和经营地点且涉及主管税务机关变动的

C.改变经济性质或经济类型

D.改变或增减银行账号

5.纳税人应办理注销税务登记的有(　　)。

A.纳税人破产

B.被工商行政管理部门吊销营业执照

C.纳税人变更经营场所,不需改变税务登记机关

D.纳税人暂停经营活动

6.以下(　　)按小规模纳税人纳税。

A.个体工商户以外的其他个人　　　　B. 选择按照小规模纳税人纳税的企业

C.经常发生应税行为的企业　　　　　D.不经常发生应税行为的企业

7.企业应纳税凭证具体包括(　　)。

A.纳税申报表　　　　　　　　　　　B.支付个人收入明细表

C.定额税款通知书　　　　　　　　　D.预缴税款通知单

8.纳税人领购普通发票时需提供(　　)证件或资料。

A.领购普通发票的书面申请

B.经办人身份证明

C.税务登记证或其他有关证件

D.预留有财务印章或发票专用章印模的发票领购簿、税务 IC 卡

9.一般纳税人有(　　)情形的,不得领购增值税专用发票。

A.会计核算不健全的

B.税收违法行为,已接受税务机关处理的

C.虚开增值税专用发票未改正的

D.借用他人专用发票已改正的

10.不得开具增值税专用发票的情形有(　　)。

A.向消费者个人销售货物或者提供应税劳务的

B.销售货物或者提供应税劳务适用免税规定的

C.小规模纳税人销售货物或者提供应税劳务的

D.向一般纳税人销售货物的

11.同时具有(　　)情形的,增值税专用发票作废。

A.收到退回的发票联、抵扣联时间未超过销售方开票当月

B.销售方未抄税并且未记账

C.购买方未认证或者认证结果为"纳税人识别号认证不符"、"专用发票代码、号码认证不符"

D.购买方已认证

12.经认证,有下列(　　)情形的,不得作为增值税进项税额的抵扣凭证,税务机关退

还原件,购买方可要求销售方重新开具专用发票。

A.无法认证　　　　　　　　　　B.纳税人识别号认证不符

C.专用发票代码、号码认证不符　　D.列为失控专用发票

13.当期货币资金在扣除( )后,不足以缴纳税款的,可以延期缴纳税款。

A.应付职工工资　B.社会保险费　　C.商业保险费　　　D.材料采购款

14.根据税收征管法的规定,税务机关在税款征收中,根据不同情况,有权采取的措施有( )。

A.加收滞纳金　　B.追征税款　　C.核定应纳税额　　D.吊销营业执照

15.纳税人办理下列( )事项时,必须持税务登记证件。

A.开立银行账户　　　　　　　　B.申请减税、免税、退税

C.领购发票　　　　　　　　　　D.申请开具外出经营活动税收管理证明

16.采取税收保全措施应当符合的条件有( )。

A.纳税人有逃避纳税义务的行为　　B.在规定的纳税期之后

C.在规定的纳税期之前　　　　　　D.责令限期缴纳应纳税款的限期内

17.纳税申报的形式主要有( )方式。

A.直接申报　　　　　　　　　　B.邮寄申报

C.数据电文　　　　　　　　　　D.简易申报、简并征期

18.纳税人应办理纳税申报的情形有( )。

A.纳税期内有应纳税款的　　　　B.纳税期内没有应纳税款的

C.纳税人被注销的　　　　　　　D.纳税人处于享受减税、免税待遇期间的

(三)判断题

1.扣缴义务人应当自扣缴义务发生之日起30日内,向所在地的主管税务机关申报办理扣缴税款登记,领取扣缴税款登记证件。　　　　　　　　　　　　　( )

2.增值税一般纳税人资格实行登记制,登记事项由增值税纳税人向其主管税务机关办理。　　　　　　　　　　　　　　　　　　　　　　　　　　　　( )

3.收付实现制又称现金制,是指对一切收入和费用一律以其发生期为标准,计入当期损益,不论款项是否实际收付。　　　　　　　　　　　　　　　　　　( )

4.凡从事生产经营的纳税人必须将其所采用的财务、会计制度和具体的财务、会计处理办法,按税务机关的规定,自领取税务登记证件之日起30日内,及时报送主管税务机关备案。　　　　　　　　　　　　　　　　　　　　　　　　　　( )

5.发票收缴是指用票单位和个人按照规定向税务机关上缴已经使用的发票,不包括未使用的发票。　　　　　　　　　　　　　　　　　　　　　　　　( )

6."营业税金及附加"科目核算企业应交的增值税、消费税、城市维护建设税、资源税、土地增值税和教育费附加等税费。　　　　　　　　　　　　　　　( )

7.企业只有依法办理税务登记之后,才能到指定的税务机关购买各种业务的相关发票。　　　　　　　　　　　　　　　　　　　　　　　　　　　　　( )

8.纳税人停业期满未能按期复业又不办理延长停业的,税务机关视为恢复营业,实施正常的税收征收管理。　　　　　　　　　　　　　　　　　　　　　( )

9.需要缴纳税款的纳税人出境前未结清应纳税款,又不提供担保的,税务机关可以通

知出境管理机关阻止其出境。　　　　　　　　　　　　　　　　　　　　(　　)

10.纳税人外出经营活动结束,应当向经营地税务机关填报外出经营活动情况申报表,并结清税款,不需要缴销发票。　　　　　　　　　　　　　　　　　　(　　)

二、业务技能实训

(一)税务登记实训

山东省潍坊市金马有限责任公司是2015年8月由张军、刘华和李维三人投资设立的,采用小企业会计制度。企业基本情况如下:

纳税人识别号:370102000000878

注册地址:潍坊市高新区大学东路40号

邮政编码:260030

生产经营地址:潍坊市高新区大学东路40号

生产经营范围:主营羊绒制品及加工

发照工商机关名称:潍坊市高新区工商行政管理局

机构登记证号:370726228000510

机构代码:729279966

发照日期:2015年8月5日

有效期限:10年

从业人数:签订劳动合同人员10人,临时人员6人

开户银行名称:工商银行　　账号:370705009200042250　　币种:人民币

法定代表人(负责人):张军

法定代表人居民身份证号码:3707019660430041

法定代表人电话:0536-8331689

生产经营期限:2015年8月5日至2025年8月4日

经营方式:工业性加工　　登记注册类型:私营有限责任公司

行业:C18—纺织服装、鞋、帽制造业

财务负责人:李山　　联系电话:0536-8331688　　电子邮箱:778135789@163.com

财务负责人居民身份证号码:3707019781018069

办税人员:李梅　　联系电话:0536-8331687　　电子邮箱:limei999@163.com

办税人居民身份证号码:3707019880530069

隶属关系:县级市属企业　　注册资本(人民币):80万元

投资情况见下表:

投资方名称	身份证号	投资金额(万元)	投资币种	所占投资比例(%)	分配比例(%)
张军	3707019660430041	60	人民币	75	75
刘华	3707019860510069	10	人民币	12.5	12.5
李维	3707019760415041	10	人民币	12.5	12.5

要求:根据以上资料填写税务登记表。

税务登记表
（适用单位纳税人）

填表日期：

纳税人名称		纳税人识别号		
登记注册类型		批准设立机关		
组织机构代码		批准设立证明或文件号		

开业（设立）日期	生产经营期限	证照名称		证照号码	
注册地址		邮政编码		联系电话	
生产经营地址		邮政编码		联系电话	

核算方式	请选择对应项目打"√" □独立核算 □非独立核算		从业人数	___ 其中外籍人数___
单位性质	请选择对应项目打"√"□企业□事业单位 □社会团体□民办非企业单位□其他			
网站网址			国标行业	□□□□□□□
适用会计制度	请选择对应项目打"√" □企业会计制度□小企业会计制度□金融企业会计制度□行政事业单位会计制度			

经营范围		请将法定代表人（负责人）身份证件复印件粘贴在此处。				

项目内容 联系	姓 名	身份证件		固定电话	移动电话	电子邮箱
		种类	号码			
法定代表人（负责人）						
财务负责人						
办税人						

税务代理人名称		纳税人识别号		联系电话		电子邮箱

注册资本或投资总额	币种	金额	币种	金额	币种	金额

投资方名称	投资方经济性质	投资比例	证件种类	证件号码	国籍或地址

自然人投资比例		外资投资比例		国有投资比例	
分支机构名称		注册地址		纳税人识别号	

总机构名称		纳税人识别号	
注册地址		经营范围	

（续表）

法定代表人姓名		联系电话		注册地址邮政编码	
代扣代缴、代收代缴税款业务情况	代扣代缴、代收代缴税款业务内容			代扣代缴、代收代缴税种	

附报资料：

经办人签章： 　　　年　　月　　日	法定代表人（负责人）签章： 　　　年　　月　　日	纳税人公章： 　　　年　　月　　日

以下由税务机关填写

纳税人所处街乡			隶属关系	
国税主管税务局		国税主管税务所（科）	是否属于国税	
地税主管税务局		地税主管税务所（科）	地税共管户	

经办人（签章）： 国税经办人：＿＿＿＿＿＿ 地税经办人：＿＿＿＿＿＿ 受理日期： 　　　年　　月　　日	国家税务登记机关 （税务登记专用章）： 核准日期： 　　　年　　月　　日 国税主管税务机关：	地方税务登记机关 （税务登记专用章）： 核准日期： 　　　年　　月　　日 地税主管税务机关：

国税核发《税务登记证副本》数量：　　本　发证日期：＿＿＿＿年＿＿月＿＿日

地税核发《税务登记证副本》数量：　　本　发证日期：＿＿＿＿年＿＿月＿＿日

填表说明：

一、本表适用于各类单位纳税人填用。

二、从事生产经营的纳税人应当自领取营业执照，或者自有关部门批准设立之日起 30 日内，或者自纳税义务发生之日起 30 日内，到税务机关领取税务登记表，填写完整后提交税务机关，办理税务登记。

三、办理税务登记应当出示、提供以下证件资料（所提供资料原件用于税务机关审核，复印件留存税务机关）：

1.营业执照副本或其他核准执业证件原件及其复印件。

2.组织机构代码证书副本原件及其复印件。

3.注册地址及生产经营地址证明（产权证、租赁协议）原件及其复印件；如为自有房产，请提供产权证或买卖契约等合法的产权证明原件及其复印件；如为租赁的场所，请提供租赁协议原件及其复印件，出租人为自然人的还需提供产权证明的复印件；如生产经营地址与注册地址不一致，请分别提供相应证明。

4.公司章程复印件。

5.有权机关出具的验资报告或评估报告原件及其复印件。

6.法定代表人(负责人)居民身份证、护照或其他证明身份的合法证件原件及其复印件;复印件分别粘贴在税务登记表的相应位置上。

7.纳税人跨县(市)设立的分支机构办理税务登记时,还需提供总机构的税务登记证(国、地税)副本复印件。

8.改组改制企业还需提供有关改组改制的批文原件及其复印件。

9.税务机关要求提供的其他证件资料。

四、纳税人应向税务机关申报办理税务登记。完整、真实、准确、按时地填写此表。

五、使用碳素或蓝墨水的钢笔填写本表。

六、本表一式二份(国地税联办税务登记的本表一式三份)。税务机关留存一份,退回纳税人一份(纳税人应妥善保管,验换证时需携带查验)。

七、纳税人在新办或者换发税务登记时应报送房产、土地和车船有关证件,包括房屋产权证、土地使用证、机动车行驶证等证件的复印件。

八、表中有关栏目的填写说明:

1."纳税人名称"栏:指《企业法人营业执照》或《营业执照》或有关核准执业证书上的"名称"。

2."身份证件种类"栏:一般填写居民身份证,如无身份证,则填写军官证、士兵证、护照等有效身份证件。

3."注册地址"栏:指工商营业执照或其他有关核准开业证照上的地址。

4."生产经营地址"栏:填办理税务登记的机构生产经营地地址。

5."国籍或地址"栏:外国投资者填国籍,中国投资者填地址。

6."登记注册类型"栏:即经济类型,按营业执照的内容填写;不需要领取营业执照的,选择"非企业单位"或者"港、澳、台商企业常驻代表机构及其他"、"外国企业";如为分支机构,按总机构的经济类型填写。

分类标准:

110 国有企业;120 集体企业;130 股份合作企业;141 国有联营企业;142 集体联营企业;143 国有与集体联营企业;149 其他联营企业;151 国有独资公司;159 其他有限责任公司;160 股份有限公司;171 私营独资企业;172 私营合伙企业;173 私营有限责任公司;174 私营股份有限公司;190 其他企业;210 合资经营企业(港或澳、台资);220 合作经营企业(港或澳、台资);230 港、澳、台商独资经营企业;240 港、澳、台商独资股份有限公司;310 中外合资经营企业;320 中外合作经营企业;330 外资企业;340 外商投资股份有限公司;400 港、澳、台商企业常驻代表机构及其他;500 外国企业;600 非企业单位。

7."投资方经济性质"栏:单位投资的,按其登记注册类型填写;个人投资的,填写自然人。

8."证件种类"栏:单位投资的,填写其组织机构代码证;个人投资的,填写其身份证件名称。

9."国标行业"栏:按纳税人从事生产经营行业的主次顺序填写,其中第一个行业填写纳税人的主行业。

(二)增值税一般纳税人资格登记实训

假如实训(一)金马有限责任公司 2016 年应征增值税销售额达到了 70 万元,符合增值税一般纳税人资格登记的其他条件,该企业申请办理一般纳税人资格登记手续需提供什么资料？请为该企业填写增值税一般纳税人申请登记表。

增值税一般纳税人申请认定表

纳税人名称			纳税人识别号		
法定代表人 （负责人、业主）		证件名称及号码		联系电话	
财务负责人		证件名称及号码		联系电话	
办税人员		证件名称及号码		联系电话	
税务登记日期					
生产经营地址					
注册地址					

纳税人类别：企业□　非企业性单位□　个体工商户□　其他□

主营业务类别：工业□　商业□　服务业□　其他□

会计核算健全：是□　　不是□

一般纳税人资格生效之日：当月1日□　　次月1日□

纳税人（代理人）承诺：

　　上述各项内容真实、可靠、完整。如有虚假，愿意承担相关法律责任。

经办人：　　　　法定代表人：　　　　代理人：　　　　　　（签章）

　　　　　　　　　　　　　　　　　　　　　　　　　　年　月　日

以下由税务机关填写

主管 税务 机关 受理 情况	受理人：　　　　　　　　　　　　　主管税务机关（章） 　　　　　　　　　　　　　　　　　　年　月　日

填表说明：

1.本表由纳税人如实填写。

2.表中"证件名称及号码"相关栏次，根据纳税人的法定代表人、财务负责人、办税人员的居民身份证、护照等有效身份证件及号码填写。

3.表中"一般纳税人资格生效之日"由纳税人自行勾选。

4.主管税务机关（章）指各办税服务厅业务专用章。

5.本表一式二份，主管税务机关和纳税人各留存一份。

项目二

增值税纳税实训

一、基本技能实训

（一）单项选择题

1.征收增值税的货物,是指(　　)。

A.有形动产　　　　　B.有形资产　　　　　C.不动产　　　　　D.无形资产

2.下列业务中,按规定不征收增值税的是(　　)。

A.房屋装修业务　　　　　　　　B.存款利息

C.建筑业务　　　　　　　　　　D.饮食服务业务

3.下列项目中不征收增值税的是(　　)。

A.歌厅销售饮料的收入　　　　　　B.招待所订购火车票的手续费

C.被保险人获得的保险赔付　　　　D.银行利息收入

4.下列经营行为属于视同销售货物行为的是(　　)。

A.某厂家委托商店代销货物

B.某生产企业外购货物用于职工福利

C.销售古旧图书

D.某化工厂销售产品,购方尚未支付货款

5.下列行为中,不属于视同销售货物行为的是(　　)。

A.将委托加工的货物无偿赠送他人

B.将自产的货物作为投资

C.将货物交付他人代销

D.在同一县(市)设有两个以上机构并实行统一核算的纳税人,将货物从一个机构移送至其他机构用于销售

6.下列各项中,属于视同销售行为应当计算销项税额的是(　　)。

A.将购买的货物用于免税项目　　　　B.将购买的货物委托外单位加工

C.将购买的货物无偿赠送他人　　　　　　D.将购买的货物用于集体福利

7.下列销售行为不属于增值税征税范围的是(　　)。

A.商店销售农业初级产品

B.典当业销售死当物品

C.银行销售金银

D.单位或者个体工商户聘用的员工为本单位或者雇主提供取得工资的服务

8.下列物品,不属于免征增值税的是(　　)。

A.由残疾人的组织直接进口供残疾人专用的轮椅

B.古旧图书

C.农业生产者销售的自产农产品

D.一般纳税人销售自己使用过的摩托车

9.增值税纳税人,年应税销售额超过财政部、国家税务总局规定的小规模纳税人标准的,应当在(　　)向主管税务机关申请一般纳税人资格登记。

A.申报期结束后 20 个工作日内　　　　　B.当年 12 月底以前

C.次年 1 月底以前　　　　　　　　　　　D.次年 3 个月内

10.下列货物中按 13％税率计算销项税额的是(　　)。

A.农机零件　　　　B.方便面　　　　C.水果罐头　　　　D.农业机械

11.下列项目在计算增值税时应计入销售额的是(　　)。

A.销售方向购买方收取的销项税额

B.受托加工应征消费税的消费品所代收代缴的消费税

C.以委托方名义开具发票代委托方收取的款项

D.超过 1 年未收回的包装物押金

12.下列项目中,即使取得法定扣税凭证,也不得从销项税额中抵扣其税额的是(　　)。

A.购进的用于本单位职工福利的材料　　　B.购进的用于应税项目的免税农业产品

C.购进的用于对外投资的货物　　　　　　D.一般纳税人外购材料支付的运费

13.某工业企业(增值税一般纳税人)发生的下列项目中,应将其已申报抵扣的进项税额从发生期进项税额中转出的是(　　)。

A.将购进货物用于集体福利　　　　　　　B.将购进货物无偿赠送给他人

C.将委托加工收回的货物用于对外投资　　D.将委托加工收回的货物用于分配

14.按税法规定,出口货物不能按免抵退税办法计算出口退税的是(　　)。

A.生产企业出口自产货物　　　　　　　　B.对外提供加工修理修配劳务

C.向境外单位提供适用零税率的应税劳务　D.不具有生产能力的出口企业出口货物

15.某服装厂将自产的服装作为福利发给本厂职工,该批产品制造成本共计 10 万元,利润率为 10％,按当月同类产品的平均售价计算为 18 万元,计征增值税的销售额为(　　)。

A.10 万元　　　　B.10.9 万元　　　　C.11 万元　　　　D.18 万元

16.某黄酒厂(一般纳税人)销售黄酒的不含税销售额为 100 万元,发出货物收取包装物押金为 5.85 万元,定期 60 天收回,则该黄酒厂当期增值税销项税额是(　　)。

A.17 万元　　　　　B.17.85 万元　　　　C.17.99 万元　　　　D.18 万元

17.下列经营行为属于混合销售行为的是（　　）。

A.某农村供销社既销售税率为 17％的家用电器,又销售税率为 13％的化肥、农药等

B.某家具厂一方面批发家具,一方面又对外承揽室内装修业务

C.某建筑公司为某单位盖房,双方议定由建筑公司包工包料,一并核算

D.某农业机械厂既生产销售税率为 13％的农机,又从事加工修理修配业务

18.外贸企业出口委托加工修理修配货物以外的货物,其出口应退增值税的计算公式是（　　）。

A.应退税额＝普通发票所列含税金额×征收率

B.应退税额＝增值税退(免)税计税依据×退税率

C.应退税额＝普通发票所列含税金额÷(1＋征收率)×退税率

D.应退税额＝普通发票所列含税金额÷(1－征收率)×退税率

19.某公司为增值税一般纳税人,1 月 8 日上缴上年 12 月应纳增值税额 148 000 元,则正确的会计处理为（　　）。

A.借:应交税费——应交增值税(已交税金)　　　　　　148 000
　　贷:银行存款　　　　　　　　　　　　　　　　　　　　148 000

B.借:应交税费——未交增值税　　　　　　　　　　　148 000
　　贷:应交税费——应交增值税(转出未交增值税)　　　148 000

C.借:以前年度损益调整　　　　　　　　　　　　　　148 000
　　贷:银行存款　　　　　　　　　　　　　　　　　　　　148 000

D.借:应交税费——未交增值税　　　　　　　　　　　148 000
　　贷:银行存款　　　　　　　　　　　　　　　　　　　　148 000

20.本月检查以前年度发生的纳税错误,在调账时,凡是涉及损益类账户的,一律通过（　　）账户进行调整。

A.“利润分配”　　　　　　　　　　B.“本年利润”

C.“以前年度损益调整”　　　　　　D.“营业外收入”

21.下列销售不动产涉及的会计分录,不正确的是（　　）。

A.企业销售不动产:借记“银行存款”账户,贷记“固定资产清理”账户

B.计算缴纳增值税:借记“应交税费”账户,贷记“固定资产清理”账户

C.发生固定资产清理费用:借记“固定资产清理”账户,贷记“银行存款”账户

D.销售不动产的净收益:借记“固定资产清理”账户,贷记“营业外收入”账户

22.企业建造办公大楼领用生产用原材料时,相关的增值税应借记的会计科目是（　　）。

A.“管理费用”　　　B.“生产成本”　　　C.“在建工程”　　　D.“其他业务成本”

23.甲公司因管理不善造成火灾毁损一批存货,其中原材料的成本为 100 万元,增值税额 17 万元;库存商品的实际成本 800 万元,经确认损失库存商品消耗的外购材料的增值税额 34 万元。该企业的有关会计分录不正确的是（　　）。

A.借记“待处理财产损溢”科目 951 万元

B.贷记“原材料”科目 100 万元

C.贷记"库存商品"科目 800 万元

D.贷记"应交税费——应交增值税(进项税额转出)"科目 17 万元

24.某小规模纳税企业,增值税征收率为 3%,本月购入一批材料,取得的专用发票中注明货款 100 万元,增值税 17 万元,款项以银行存款支付,材料已验收入库(该企业按实际成本计价核算)。本月销售产品一批,所开出的普通发票中注明的货款(含税)为 206 万元,增值税征收率为 3%,款项已存入银行。该企业本月应交增值税为(　　)。

A.－11 万元　　　　B.17 万元　　　　C.6 万元　　　　D.0 万元

(二)多项选择题

1.增值税一般纳税人税率为 11% 的是(　　)。

A.基础电信　　　　　　　　　　B.转让土地使用权

C.提供有形动产租赁服务　　　　D.不动产租赁服务

2.下列可以认定为增值税一般纳税人的有(　　)。

A.从事货物生产年销售额超过 50 万元

B.提供应税劳务年销售额超过 50 万元

C.从事货物批发年销售额超过 80 万元

D.提供应税服务年应税销售额超过 500 万元

3.适用于增值税一般纳税人销售货物的税率有(　　)。

A.17% 万元　　　B.3% 万元　　　C.13% 万元　　　D.4% 万元

4.下列货物中,适用 13% 增值税税率的有(　　)。

A.一般纳税人销售的外购农产品

B.小规模纳税人销售的农药、饲料、化肥

C.一般纳税人销售的居民用煤炭制品

D.一般纳税人销售的有色矿产品

5.提供应税服务的税率有(　　)。

A.17%　　　　　B.11%　　　　　C.6%　　　　　D.13%

6.销售(　　)等酒类产品而收取的包装物押金,收取时要计入其销售额中一并征税。

A.啤酒　　　　　B.黄酒　　　　　C.粮食白酒　　　　D.薯类白酒

7.下列可以从计税销售额中扣除的项目有(　　)。

A.折扣销售的折扣额与销售额开在一张发票的金额栏

B.销售折扣额(现金折扣)

C.开具红字专用发票的销售折让额

D.折扣额与销售额开在同一张发票但折扣额填在备注栏

8.购进农产品,除取得增值税专用发票或者海关进口增值税专用缴款书外,按照农产品收购发票或者销售发票上注明的农产品买价按 13% 的扣除率计算的进项税。农产品买价包括纳税人购进农产品,在农产品收购发票或者销售发票上注明的(　　)。

A.价款　　　　　　　　　　B.按规定缴纳的烟叶税

C.装卸费　　　　　　　　　D.保险费

9.增值税一般纳税人发生的下列项目中,应将其已申报抵扣的进项税额从发生期进项税额中转出的有( )。

A.外购材料因管理不善引起损失

B.将自制货物用于本单位在建工程

C.将委托加工收回的货物用于投资

D.将购进原材料用于集体福利

10.将购买的货物用于( ),其进项税额准予抵扣。

A.免税项目   B.集体福利或个人消费

C.分配给股东或投资者   D.无偿赠送他人

11.下列各项中,免征增值税的有( )。

A.各类药品、医疗器械

B.在境外提供的广播影视节目(作品)的播映服务

C.航空公司提供飞机播撒农药服务

D.外国政府、国际组织无偿援助的进口物资和设备

12.下列各项应计入借方的应交增值税三级账户的有( )。

A.已交税金   B.减免税款

C.出口抵减内销产品应纳税额   D.出口退税

13.下列关于增值税退(免)税的计税依据正确的有( )。

A.生产企业出口货物劳务(进料加工复出口货物除外)为其实际离岸价

B.生产企业进料加工复出口货物为出口货物的离岸价(FOB)扣除出口货物所含的海关保税进口料件的金额

C.外贸企业出口委托加工修理修配货物为增值税专用发票注明的金额

D.免税品经营企业销售的货物为购进货物的增值税专用发票注明的金额或海关进口增值税专用缴款书注明的完税价格

14.可以按照或选择按照简易办法计算缴纳增值税情形的有( )。

A.一般纳税人销售旧货   B.一般纳税人提供的公共交通运输服务

C.自来水公司销售自来水   D.典当业销售死当物品

15.下列增值税纳税义务发生的时间正确的有( )。

A.采取预收货款方式销货时,为货物发出的当天

B.采取预收货款方式销货时,为收到货款的当天

C.采取托收承付和委托银行收款方式销货的,为发出货物并办妥托收手续的当天

D.采取托收承付和委托银行收款方式销货的,为收到货款的当天

16.下列不得开具专用发票的有( )。

A.一般纳税人销售货物或者提供应税劳务

B.商业企业一般纳税人零售的烟、酒、食品

C.销售免税货物

D.商业企业一般纳税人销售劳保专用品

17.对纳税人销售自己使用过的固定资产和旧货适用的税收政策有（　　）。

A.一般纳税人销售自己使用过的物品和旧货,按照简易办法依照3％征收率减按2％征收增值税

B.小规模纳税人销售自己使用过的固定资产和旧货,按下列公式确定销售额和应纳税额：销售额＝含税销售额÷(1＋3％)；应纳税额＝销售额×2％

C.一律按照4％的征收率计算征收增值税

D.一律按照4％的征收率减半征收增值税

18.下列各项,增值税一般纳税企业需要转出进项税额的有（　　）。

A.自制产成品用于职工福利

B.自制产成品用于对外投资

C.外购的生产用原材料发生非正常损失(由于管理不善引起)

D.外购的生产用原材料用于个人消费

19.下列视同提供应税服务的有（　　）。

A.向其他单位或者个人无偿提供交通运输业服务

B.向其他单位或者个人无偿提供信息技术服务

C.向其他单位或者个人无偿提供以公益活动为目的的广告服务

D.向其他单位或者个人无偿提供广播影视服务

（三）判断题

1.企业将外购塑钢型材加工成的塑钢门窗用于在建工程,应作进项税额转出。 (　　)

2.境外单位或者个人在境内发生应税行为,在境内未设有经营机构的,以购买方为增值税扣缴义务人。 (　　)

3.企业委托其他纳税人代销货物,对于发出代销货物超过180天仍未收到代销清单及货款的,视同销售实现,一律征收增值税。 (　　)

4.商场将购进货物作为福利发放给职工,应视同销售计征增值税。 (　　)

5.不经常提供应税服务的非企业性单位、企业和个体工商户可选择按照小规模纳税人纳税。 (　　)

6.一般纳税人和小规模纳税人销售农机、农膜、化肥均适用13％的低税率。 (　　)

7.纳税人将购买的货物无偿赠送他人,因该货物购买时已缴增值税,因此,赠送他人时可不再计入销售额征税。 (　　)

8.企业采取赊销方式销售货物,合同约定的收款日期是5月30日,但对方7月6日才付款,所以该企业可在实际收款之日计算销项税额。 (　　)

9.某企业将外购的货物(有增值税专用发票)赠送儿童福利院,其进项税额不得抵扣。 (　　)

10.对增值税一般纳税人因销售货物向购买方收取的价外费用和逾期包装物押金,在征税时,一律视为含税收入,将其换算为不含税收入后并入销售额,据以计税。 (　　)

11.增值税小规模纳税人购进货物取得增值税专用发票可抵扣进项税额,取得普通发

票不允许抵扣进项税额。 （　　）

12.纳税人销售货物价格明显偏低而无正当理由，或视同销售货物而无销售额的，税务机关有权按规定的顺序确定销售额。其确定顺序是：按纳税人最近时期同类货物的平均销售价格确定；按其他纳税人最近时期同类货物的平均销售价格确定；按组成计税价格确定。 （　　）

13.某纺织厂从国外购进一台检测仪器，价值1 000美元，进口时海关已征收了进口环节增值税，纺织厂取得完税凭证。纺织厂可凭此完税凭证作进项税抵扣当期销项税额。 （　　）

14.某增值税纳税人当月外购原材料增值税发票已认证，其中领用50％加工制造成产品并实现销售。在计算其销售产品的应纳增值税时只允许抵扣外购原材料50％的进项税额，而不能在当期全部抵扣。 （　　）

15.航空运输企业的应征增值税销售额应包括代收的机场建设费和因代售其他航空运输企业客票而代收转付的价款。 （　　）

16.已抵扣进项税额的购进货物，如果因自然灾害而造成损失，应将损失货物的进项税额从当期发生的进项税额中扣减。 （　　）

17.房地产主管部门或者其指定机构、公积金管理中心、开发企业以及物业管理单位代收的住宅专项维修资金不征收增值税。 （　　）

18.从事货物的生产、批发或者零售的单位和个体工商户的混合销售行为，按照销售服务缴纳增值税。 （　　）

19.中华人民共和国境内（以下称境内）的单位和个人提供的国际运输服务、向境外单位提供的研发服务和设计服务，适用增值税零税率。 （　　）

20.小规模纳税人销售货物，按3％的征收率计算应纳税额，一般不得抵扣进项税额。 （　　）

21.纳税人进口货物，应当自海关填发税款缴纳证的当日起15日内缴纳税款。（　　）

22.一般纳税人将货物用于集体福利或个人消费，其增值税专用发票开具的时间为货物移送的当天。 （　　）

23.当期销项税额小于当期进项税额不足抵扣时，其不足部分不可以结转下期继续抵扣。 （　　）

24.纳税人提供有形动产租赁业务采取预收款方式的，其纳税义务发生时间为收到预收款的当天。 （　　）

二、业务技能实训

（一）增值税一般纳税人纳税申报实训

1.企业基本情况：

双利集团公司是有限责任公司，属增值税一般纳税人，增值税税率17％，具有进出口经营权,出口退税率11%。存货按实际成本计价。

　　法定代表人:郝郑迁

　　企业地址及电话:北京市光华路88号　65554466

　　企业所属行业:制造业(生产销售不锈钢制品)

　　开户银行及账号:工行光华路分理处　3301022009011503954

　　纳税人识别号:110100000010001

　　财务会计负责人:刘光,纳税员:周天

2.该公司2016年9月留抵税额为600 000元,2016年10月发生以下业务:

　　(1)1日向乙公司销售一批A产品,开出的增值税专用发票上注明的销售价格为1 000 000元,增值税额为170 000元,该批产品的成本为800 000元。为及早收回货款,和乙公司约定的现金折扣条件为:2/10,1/20,n/30。假定计算现金折扣时不考虑增值税额。

　　(2)4日乙公司付清1日货款。

　　(3)5日乙公司在付款后发现部分产品有质量问题,又退回了所购产品的10%,本公司已开出红字专用发票,开出转账支票,通知银行为其退款。

　　(4)7日将自己生产的B产品用于自行建造职工俱乐部,该批产品的成本为200 000元,计税价格为300 000元;将一批含税售价为175 500元的C产品作为实物工资向职工发放,该批产品的成本为100 000元。增值税税率为17%。

　　(5)10日以其自产A产品对外投资入股,组建股份有限公司,该批产成品账面成本为180 000元,并已计提存货跌价准备10 000元,正常对外销售不含税售价为200 000元;用自产的B产品发放实物股利,该产品成本为1 200 000元,正常对外销售的不含税售价为2 000 000元。

　　(6)15日从本地购入原材料一批,取得对方开具的增值税专用发票,内列货款400 000元、增值税税额68 000元,以转账支票支付该批材料货款468 000元,增值税专用发票已认证。

　　(7)18日拨付原材料78 000元,委托外单位配套加工,以转账支票支付加工费,取得受托方开具的增值税专用发票,内列加工费26 000元、增值税税额4 420元,材料加工完毕按实际成本验收入库。增值税专用发票已认证。

　　(8)20日某汽车修配厂对本公司的运输车辆进行大修,以转账支票支付汽车修配厂修理费20 000元、增值税税额3 400元,取得汽车修配厂开具的增值税专用发票。增值税专用发票已认证。

　　(9)22日从国外进口原料一批,到岸价格480 000元,进口关税120 000元、进口增值税102 000元,均以银行汇票支付,以转账支票支付该批产品国内铁路运费10 000元,并取得增值税专用发票,增值税1 100元;海关开具的完税凭证,和专用发票均已认证。

　　(10)25日将其作为原材料购进的钢材领用一批出库,用于2007年建造的职工宿舍的维修,出库单列示出库数量20吨,每吨实际采购成本2 000元(不含税);该公司因管理不善造成钢材损失,实际成本为 380 000 元(不含税),经与保险公司协商应由保险公司赔偿 80% 的货物损失。钢材已抵扣增值税。

(11)28 日出口产品取得销售收入折合人民币 1 400 000 元,出口销售产品生产成本为 920 000 元(其中免税购进原材料价格 400 000 元),申请退税单证齐全。

3.要求:

(1)根据以上业务计算本月增值税销项税额、进项税额、应纳税额、应退税额、免抵税额。

(2)登记应交增值税明细账。

(3)填制一般纳税人增值税纳税申报表及附表。

应交税费——应交增值税

略	借 方						贷 方					借或贷	余额
	合计	进项税额	已交税金	减免税款	出口抵减内销应纳税额	转出未交增值税	合计	销项税额	出口退税	进项税额转出	转出多交增值税		

增值税纳税申报表

（适用于增值税一般纳税人）

税款所属时间：自 年 月 日至 年 月 日   填表日期：年 月 日

金额单位：元（列至角分）

纳税人识别号																所属行业：		纳税编码：	

纳税人名称	甲公司（公章）	法定代表人姓名		注册地址			营业地址	
开户银行及账号			企业登记注册类型				电话号码	

项 目		栏 次	一般货物及劳务和应税服务		即征即退货物及劳务和应税服务	
			本月数	本年累计	本月数	本年累计
销售额	（一）按适用税率计税销售额	1				
	其中：应税货物销售额	2				
	应税劳务销售额	3				
	纳税检查调整的销售额	4				
	（二）按简易征收办法计税销售额	5				
	其中：纳税检查调整的销售额	6				
	（三）免、抵、退办法出口销售额	7				
	（四）免税销售额	8				
	其中：免税货物销售额	9				
	免税劳务销售额	10				
税款计算	销项税额	11				
	进项税额	12				
	上期留抵税额	13				
	进项税额转出	14				
	免、抵、退应退税额	15				
	按适用税率计算的纳税检查应补缴税额	16				

（续表）

项 目	栏 次	一般货物及劳务和应税服务		即征即退货物及劳务和应税服务	
		本月数	本年累计	本月数	本年累计
应抵扣税额合计	17＝12＋13－14－15＋16				
实际抵扣税额	18(如 17＜11,则为 17,否则为 11)				
应纳税额	19＝11－18				
期末留抵税额	20＝17－18				
按简易征收办法计算的应纳税额	21				
按简易征收办法计算的纳税检查应补缴税额	22				
应纳税额减征额	23				
应纳税额合计	24＝19＋21－23				
税款缴纳　期初未缴税额(多缴为负数)	25				
实收出口开具专用缴款书退税额	26				
本期已缴税额	27＝28＋29＋30＋31				
①分次预缴税额	28				
②出口开具专用缴款书预缴税额	29				
③本期缴纳上期应纳税额	30				
④本期缴纳欠缴税额	31				
期末未缴税额(多缴为负数)	32＝24＋25＋26－27				
其中:欠缴税额(≥0)	33＝25＋26－27				
本期应补(退)税额	34＝28－29				
即征即退实际退税额	35				
期初未缴查补税额	36				
本期入库查补税额	37				
期末未缴查补税额	38＝16＋22＋36－37				

授权人声明	如果你已委托代理人申报,请填写下列资料: 　为代理一切税务事宜,现授权 (地址)_____为本纳税人的代理申报人,任何与本申报表有关的往来文件,都可寄予此人。 授权人签字:	申报人声明	此纳税申报表是根据《中华人民共和国增值税暂行条例》的规定填报的,我相信它是真实的、可靠的、完整的。 声明人签字:

以下由税务机关填写:

收到日期:　　　　　　　　接收人:　　　　　　　　主管税务机关盖章:

增值税纳税申报表附列资料（一）

（本期销售情况明细）

税款所属时间：　　年　月　日至　　年　月　日

纳税人名称:（公章）　　　　　　　　　　　　　　　　　　金额单位:元（列至角分）

项目及栏次		开具增值税专用发票		开具其他发票		未开具发票		纳税检查调整		合计				扣除后	
		销售额	销项（应纳）税额	销售额	销项（应纳）税额	销售额	销项（应纳）税额	销售额	销项（应纳）税额	销售额	销项（应纳）税额	价税合计	服务、不动产和无形资产扣除项目本期实际扣除金额	含税（免税）销售额	销项（应纳）税额
		1	2	3	4	5	6	7	8	$9=1+3+5+7$	$10=2+4+6+8$	$11=9+10$	12	$13=11-12$	$14=13\div(100\%+$税率或征收率$)\times$税率或征收率
一、一般计税方法征税	全部征税项目														
17%税率的货物及加工修理修配劳务	1														
17%税率的服务、不动产和无形资产	2										—	—	—	—	—
13%税率	3		—		—		—		—		—	—	—	—	—
11%税率	4		—		—		—		—		—	—	—	—	—
6%税率	5		—		—		—		—		—	—	—	—	—
其中:即征即退项目 即征即退货物及加工修理修配劳务	6	—	—	—	—	—	—	—	—	—	—	—	—	—	—
即征即退服务、不动产和无形资产	7	—	—	—	—	—	—	—	—	—	—	—	—	—	—

（续表）

项目及栏次		栏次	开具增值税专用发票 销售额(1)	销项（应纳）税额(2)	开具其他发票 销售额(3)	销项（应纳）税额(4)	未开具发票 销售额(5)	销项（应纳）税额(6)	纳税检查调整 销售额(7)	销项（应纳）税额(8)	合计 销售额(9)	销项（应纳）税额(10)	价税合计(11)	服务、不动产和无形资产扣除项目本期实际扣除金额(12)	扣除后 含税（免税）销售额(13)	销项（应纳）税额(14)
全部征税项目		8									9=1+3+5+7	10=2+4+6+8	11=9+10	12	13=11−12	14=13÷(100%+税率或征收率)×税率或征收率
二、简易计税方法计税	6%征收率的货物及加工修理修配劳务	9a									—	—	—	—	—	—
	5%征收率的服务、不动产和无形资产	9b									—	—	—	—	—	—
	5%征收率的货物及加工修理修配劳务	10									—	—	—	—	—	—
	4%征收率	11									—	—	—	—	—	—
	3%征收率的货物及加工修理修配劳务	12									—	—	—	—	—	—
	3%征收率的服务、不动产和无形资产	13a									—	—	—	—	—	—
	预征率 ___%	13b									—	—	—	—	—	—
	预征率 ___%	13c									—	—	—	—	—	—
其中：即征即退项目	即征即退货物及加工修理修配劳务	14	—								—	—	—	—	—	—
	即征即退服务、不动产和无形资产	15	—								—	—	—	—	—	—
三、免抵退税	货物及加工修理修配劳务	16	—								—	—	—	—	—	—
	服务、不动产和无形资产	17	—								—	—	—	—	—	—
四、免税	货物及加工修理修配劳务	18	—								—	—	—	—	—	—
	服务、不动产和无形资产	19	—								—	—	—	—	—	—

增值税纳税申报表附列资料(表二)

(本期进项税额明细)

税款所属时间:　　年　月

纳税人名称:(公章)　　　　　　　填表日期:　年　月　日　　　　　　金额单位:元(列至角分)

一、申报抵扣的进项税额

项　目	栏次	份数	金额	税额
(一)认证相符的防伪税控增值税专用发票	1=2+3	3		
其中:本期认证相符且本期申报抵扣	2	3		
前期认证相符且本期申报抵扣	3			
(二)其他扣税凭证	4=5+6+7+8	4		
其中:海关进口增值税专用缴款书	5			
农产品收购发票或者销售发票	6	1		
代扣代缴税收通用缴款书	7			
其他	8	3		
(三)本期用于购建不动产的扣税凭证	9	—	—	—
(四)本期不动产允许抵扣进销税额	10	—		
(五)外贸企业进项税额抵扣证明	11	—	—	
当期申报抵扣进项税额合计	12			

二、进项税额转出额

项　目	栏次	份数	金额	税额
本期进项税额转出额	13=14至23之和			
其中:免税项目用	14			
集体福利、个人消费	15			
非正常损失	16			
按简易征收办法征税项目用	17			
免、抵、退税办法出口货物不得抵扣的进项税额	18			

（续表）

项　目	栏次	份数	金额	税额
纳税检查调减进项税额	19			
红字专用发票通知单注明的进项税额	20			
上期留抵税额抵减欠税	21			
上期留抵税额退税	22			
其他应作进项税额转出的情形	23			

三、待抵扣进项税额

项　目	栏次	份数	金额	税额
（一）认证相符的防伪税控增值税专用发票	24	—		
期初已认证相符但未申报抵扣	25			
本期认证相符且本期未申报抵扣	26			
期末已认证相符但未申报抵扣	27			
其中：按照税法规定不允许抵扣	28			
（二）其他扣税凭证	29＝30 至33 之和			
其中：海关进口增值税专用缴款书	30			
农产品收购发票或者销售发票	31			
代扣代缴税收通用缴款书	32			
其他	33			
	34			

四、其　他

项目	栏次	份数	金额	税额
本期认证相符的全部防伪税控增值税专用发票	35			
代扣代缴税额	36	—	—	

增值税纳税申报表附列资料(三)
(服务、不动产和无形资产扣除项目明细)

税款所属时间: 年 月 日至 年 月 日

纳税人名称:(公章)　　　　　　　　　　　　　　　　　　　　金额单位:元(列至角分)

项目及栏次	本期服务、不动产和无形资产价税合计额(免税销售额)	服务、不动产和无形资产扣除项目				
		期初余额	本期发生额	本期应扣除金额	本期实际扣除金额	期末余额
	1	2	3	4=2+3	5(5≤1且5≤4)	6=4-5
17%税率的项目						
11%税率的项目						
6%税率的项目(不含金融商品转让)						
6%税率的金融商品转让项目						
5%征收率的项目						
3%征收率的项目						
免抵退税的项目						
免税的项目						

固定资产(不含不动产)进项税额抵扣情况表

纳税人识别号:	纳税人名称:	有限公司(公章)
填表日期: 年 月 日		金额单位:元(列至角分)
项 目	当期申报抵扣的固定资产进项税额	当期申报抵扣的固定资产进项税额累计
增值税专用发票		
海关进口增值税专用缴款书		
合 计		

注:本表一式二份,一份纳税人留存,一份主管税务机关留存。

增值税纳税申报表附列资料(四)
(税额抵减情况表)

税款所属时间: 年 月 日至 年 月 日

纳税人名称:(公章)　　　　　　　　　　　　　　　　　　　　金额单位:元至角分

序号	抵减项目	期初余额	本期发生额	本期应抵减税额	本期实际抵减税额	期末余额
		1	2	3=1+2	4≤3	5=3-4
1	增值税税控系统专用设备费及技术维护费					
2	分支机构预征缴纳税款					
3	建筑服务预征缴纳税款					
4	销售不动产预征缴纳税款					
5	出租不动产预征缴纳税款					

增值税纳税申报表附列资料(五)
(不动产分期抵扣计算表)

税款所属时间： 年 月 日至 年 月 日

纳税人名称：(公章) 金额单位:元至角分

期初待抵扣不动产进项税额	本期不动产进项税额增加额	本期可抵扣不动产进项税额	本期转入的待抵扣不动产进项税额	本期转出的待抵扣不动产进项税额	期末待抵扣不动产进项税额
1	2	3≤1+2+4	4	5≤1+4	6＝1+2-3+4-5

本期抵扣进项税额结构明细表

税款所属时间： 年 月 日至 年 月 日

纳税人名称：(公章) 金额单位:元至角分

项目	栏次	金额	税额
合计	1=2+4+5+11+16+18+27+29+30		

一、按税率或征收率归集(不包括购建不动产、通行费)的进项

项目	栏次	金额	税额
17%税率的进项	2		
其中:有形动产租赁的进项	3		
13%税率的进项	4		
11%税率的进项	5		
其中:运输服务的进项	6		
电信服务的进项	7		
建筑安装服务的进项	8		
不动产租赁服务的进项	9		
受让土地使用权的进项	10		
6%税率的进项	11		
其中:电信服务的进项	12		
金融保险服务的进项	13		
生活服务的进项	14		

（续表）

取得无形资产的进项	15		
5％征收率的进项	16		
其中:不动产租赁服务的进项	17		
3％征收率的进项	18		
其中:货物及加工、修理修配劳务的进项	19		
运输服务的进项	20		
电信服务的进项	21		
建筑安装服务的进项	22		
金融保险服务的进项	23		
有形动产租赁服务的进项	24		
生活服务的进项	25		
取得无形资产的进项	26		
减按 1.5％征收率的进项	27		
	28		
二、按抵扣项目归集的进项			
用于购建不动产并一次性抵扣的进项	29		
通行费的进项	30		
	31		
	32		

增值税减免税申报明细表

税款所属时间:自　年　月　日至　　年　月　日

纳税人名称(公章):　　　　　　　　　　　　　　　　　　　　　　金额单位:元至角分

一、减税项目

减税性质代码及名称	栏次	期初余额	本期发生额	本期应抵减税额	本期实际抵减税额	期末余额
		1	2	3＝1＋2	4≤3	5＝3－4
合计	1					
	2					
	3					
	4					
	5					
	6					

二、免税项目

免税性质代码及名称	栏次	免征增值税项目销售额	免税销售额扣除项目本期实际扣除金额	扣除后免税销售额	免税销售额对应的进项税额	免税额
		1	2	3＝1－2	4	5
合　计	7					
出口免税	8	—				—
其中:跨境服务	9	—	—			—
	10					
	11					
	12					
	13					
	14					
	15					
	16					

《增值税纳税申报表(一般纳税人适用)》
及其附列资料填写说明

本纳税申报表及其附列资料填写说明(以下简称本表及填写说明)适用于增值税一般纳税人(以下简称纳税人)。

一、名词解释

(一)本表及填写说明所称"货物",是指增值税的应税货物。

(二)本表及填写说明所称"劳务",是指增值税的应税加工、修理、修配劳务。

(三)本表及填写说明所称"服务、不动产和无形资产",是指销售服务、不动产和无形资产。

(四)本表及填写说明所称"按适用税率计税"、"按适用税率计算"和"一般计税方法",均指按"应纳税额＝当期销项税额－当期进项税额"公式计算增值税应纳税额的计税方法。

(五)本表及填写说明所称"按简易办法计税"、"按简易征收办法计算"和"简易计税方法",均指按

"应纳税额＝销售额×征收率"公式计算增值税应纳税额的计税方法。

（六）本表及填写说明所称"扣除项目"，是指纳税人销售服务、不动产和无形资产，在确定销售额时，按照有关规定允许其从取得的全部价款和价外费用中扣除价款的项目。

二、《增值税纳税申报表（一般纳税人适用）》填写说明

（一）"税款所属时间"：指纳税人申报的增值税应纳税额的所属时间，应填写具体的起止年、月、日。

（二）"填表日期"：指纳税人填写本表的具体日期。

（三）"纳税人识别号"：填写纳税人的税务登记证件号码。

（四）"所属行业"：按照国民经济行业分类与代码中的小类行业填写。

（五）"纳税人名称"：填写纳税人单位名称全称。

（六）"法定代表人姓名"：填写纳税人法定代表人的姓名。

（七）"注册地址"：填写纳税人税务登记证件所注明的详细地址。

（八）"生产经营地址"：填写纳税人实际生产经营地的详细地址。

（九）"开户银行及账号"：填写纳税人开户银行的名称和纳税人在该银行的结算账户号码。

（十）"登记注册类型"：按纳税人税务登记证件的栏目内容填写。

（十一）"电话号码"：填写可联系到纳税人的常用电话号码。

（十二）"即征即退项目"列：填写纳税人按规定享受增值税即征即退政策的货物、劳务和服务、不动产、无形资产的征（退）税数据。

（十三）"一般项目"列：填写除享受增值税即征即退政策以外的货物、劳务和服务、不动产、无形资产的征（免）税数据。

（十四）"本年累计"列：一般填写本年度内各月"本月数"之和。其中，第13、20、25、32、36、38栏及第18栏"实际抵扣税额""一般项目"列的"本年累计"分别按本填写说明第（二十七）（三十四）（三十九）（四十六）（五十）（五十二）（三十二）条要求填写。

（十五）第1栏"（一）按适用税率计税销售额"：填写纳税人本期按一般计税方法计算缴纳增值税的销售额，包含：在财务上不作销售但按税法规定应缴纳增值税的视同销售和价外费用的销售额；外贸企业作价销售进料加工复出口货物的销售额；税务、财政、审计部门检查后按一般计税方法计算调整的销售额。

营业税改征增值税的纳税人，服务、不动产和无形资产有扣除项目的，本栏应填写扣除之前的不含税销售额。

本栏"一般项目"列"本月数"＝《附列资料（一）》第9列第1至5行之和－第9列第6、7行之和；本栏"即征即退项目"列"本月数"＝《附列资料（一）》第9列第6、7行之和。

（十六）第2栏"其中：应税货物销售额"：填写纳税人本期按适用税率计算增值税的应税货物的销售额。包含在财务上不作销售但按税法规定应缴纳增值税的视同销售货物和价外费用销售额，以及外贸企业作价销售进料加工复出口货物的销售额。

（十七）第3栏"应税劳务销售额"：填写纳税人本期按适用税率计算增值税的应税劳务的销售额。

（十八）第4栏"纳税检查调整的销售额"：填写纳税人因税务、财政、审计部门检查，并按一般计税方法在本期计算调整的销售额。但享受增值税即征即退政策的货物、劳务和服务、不动产、无形资产，经纳税检查属于偷税的，不填入"即征即退项目"列，而应填入"一般项目"列。

营业税改征增值税的纳税人，服务、不动产和无形资产有扣除项目的，本栏应填写扣除之前的不含税销售额。

本栏"一般项目"列"本月数"＝《附列资料（一）》第7列第1至5行之和。

（十九）第5栏"按简易办法计税销售额"：填写纳税人本期按简易计税方法计算增值税的销售额。

包含纳税检查调整按简易计税方法计算增值税的销售额。

营业税改征增值税的纳税人，服务、不动产和无形资产有扣除项目的，本栏应填写扣除之前的不含税销售额；服务、不动产和无形资产按规定汇总计算缴纳增值税的分支机构，其当期按预征率计算缴纳增值税的销售额也填入本栏。

本栏"一般项目"列"本月数"≥《附列资料(一)》第9列第8至13b行之和－第9列第14、15行之和；本栏"即征即退项目"列"本月数"≥《附列资料(一)》第9列第14、15行之和。

(二十)第6栏"其中：纳税检查调整的销售额"：填写纳税人因税务、财政、审计部门检查，并按简易计税方法在本期计算调整的销售额。但享受增值税即征即退政策的货物、劳务和服务、不动产、无形资产，经纳税检查属于偷税的，不填入"即征即退项目"列，而应填入"一般项目"列。

营业税改征增值税的纳税人，服务、不动产和无形资产有扣除项目的，本栏应填写扣除之前的不含税销售额。

(二十一)第7栏"免、抵、退办法出口销售额"：填写纳税人本期适用免、抵、退税办法的出口货物、劳务和服务、无形资产的销售额。

营业税改征增值税的纳税人，服务、无形资产有扣除项目的，本栏应填写扣除之前的销售额。

本栏"一般项目"列"本月数"=《附列资料(一)》第9列第16、17行之和。

(二十二)第8栏"免税销售额"：填写纳税人本期按照税法规定免征增值税的销售额和适用零税率的销售额，但零税率的销售额中不包括适用免、抵、退税办法的销售额。

营业税改征增值税的纳税人，服务、不动产和无形资产有扣除项目的，本栏应填写扣除之前的免税销售额。

本栏"一般项目"列"本月数"=《附列资料(一)》第9列第18、19行之和。

(二十三)第9栏"其中：免税货物销售额"：填写纳税人本期按照税法规定免征增值税的货物销售额及适用零税率的货物销售额，但零税率的销售额中不包括适用免、抵、退税办法出口货物的销售额。

(二十四)第10栏"免税劳务销售额"：填写纳税人本期按照税法规定免征增值税的劳务销售额及适用零税率的劳务销售额，但零税率的销售额中不包括适用免、抵、退税办法的劳务的销售额。

(二十五)第11栏"销项税额"：填写纳税人本期按一般计税方法计税的货物、劳务和服务、不动产、无形资产的销项税额。

营业税改征增值税的纳税人，服务、不动产和无形资产有扣除项目的，本栏应填写扣除之后的销项税额。

本栏"一般项目"列"本月数"=《附列资料(一)》(第10列第1、3行之和－第10列第6行)+(第14列第2、4、5行之和－第14列第7行)；

本栏"即征即退项目"列"本月数"=《附列资料(一)》第10列第6行+第14列第7行。

(二十六)第12栏"进项税额"：填写纳税人本期申报抵扣的进项税额。

本栏"一般项目"列"本月数"+"即征即退项目"列"本月数"=《附列资料(二)》第12栏"税额"。

(二十七)第13栏"上期留抵税额"

1.上期留抵税额按规定须挂账的纳税人，按以下要求填写本栏的"本月数"和"本年累计"。

上期留抵税额按规定须挂账的纳税人是指试点实施之日前一个税款所属期的申报表第20栏"期末留抵税额""一般货物、劳务和应税服务"列"本月数"大于零，且兼有营业税改征增值税服务、不动产和无形资产的纳税人(下同)。其试点实施之日前一个税款所属期的申报表第20栏"期末留抵税额""一般货物、劳务和应税服务"列"本月数"，以下称为货物和劳务挂账留抵税额。

(1)本栏"一般项目"列"本月数"：试点实施之日的税款所属期填写"0"；以后各期按上期申报表第20栏"期末留抵税额""一般项目"列"本月数"填写。

(2)本栏"一般项目"列"本年累计"：反映货物和劳务挂账留抵税额本期期初余额。试点实施之日的税款所属期按试点实施之日前一个税款所属期的申报表第 20 栏"期末留抵税额""一般货物、劳务和应税服务"列"本月数"填写;以后各期按上期申报表第 20 栏"期末留抵税额""一般项目"列"本年累计"填写。

(3)本栏"即征即退项目"列"本月数":按上期申报表第 20 栏"期末留抵税额""即征即退项目"列"本月数"填写。

2.其他纳税人,按以下要求填写本栏"本月数"和"本年累计"。

其他纳税人是指除上期留抵税额按规定须挂账的纳税人之外的纳税人(下同)。

(1)本栏"一般项目"列"本月数":按上期申报表第 20 栏"期末留抵税额""一般项目"列"本月数"填写。

(2)本栏"一般项目"列"本年累计":填写"0"。

(3)本栏"即征即退项目"列"本月数":按上期申报表第 20 栏"期末留抵税额""即征即退项目"列"本月数"填写。

(二十八)第 14 栏"进项税额转出":填写纳税人已经抵扣,但按税法规定本期应转出的进项税额。

本栏"一般项目"列"本月数"+"即征即退项目"列"本月数"=《附列资料(二)》第 13 栏"税额"。

(二十九)第 15 栏"免、抵、退应退税额":反映税务机关退税部门按照出口货物、劳务和服务、无形资产免、抵、退办法审批的增值税应退税额。

(三十)第 16 栏"按适用税率计算的纳税检查应补缴税额":填写税务、财政、审计部门检查,按一般计税方法计算的纳税检查应补缴的增值税税额。

本栏"一般项目"列"本月数"≤《附列资料(一)》第 8 列第 1 至 5 行之和+《附列资料(二)》第 19 栏。

(三十一)第 17 栏"应抵扣税额合计":填写纳税人本期应抵扣进项税额的合计数。按表中所列公式计算填写。

(三十二)第 18 栏"实际抵扣税额"

1.上期留抵税额按规定须挂账的纳税人,按以下要求填写本栏的"本月数"和"本年累计"。

(1)本栏"一般项目"列"本月数":按表中所列公式计算填写。

(2)本栏"一般项目"列"本年累计":填写货物和劳务挂账留抵税额本期实际抵减一般货物和劳务应纳税额的数额。将"货物和劳务挂账留抵税额本期期初余额"与"一般计税方法的一般货物及劳务应纳税额"两个数据相比较,取二者中小的数据。

其中:货物和劳务挂账留抵税额本期期初余额=第 13 栏"上期留抵税额""一般项目"列"本年累计";

一般计税方法的一般货物及劳务应纳税额=(第 11 栏"销项税额""一般项目"列"本月数"-第 18 栏"实际抵扣税额""一般项目"列"本月数")×一般货物及劳务销项税额比例;

一般货物及劳务销项税额比例=(《附列资料(一)》第 10 列第 1,3 行之和-第 10 列第 6 行)÷第 11 栏"销项税额""一般项目"列"本月数"×100%。

(3)本栏"即征即退项目"列"本月数":按表中所列公式计算填写。

2.其他纳税人,按以下要求填写本栏的"本月数"和"本年累计":

(1)本栏"一般项目"列"本月数":按表中所列公式计算填写。

(2)本栏"一般项目"列"本年累计":填写"0"。

(3)本栏"即征即退项目"列"本月数":按表中所列公式计算填写。

(三十三)第 19 栏"应纳税额":反映纳税人本期按一般计税方法计算并应缴纳的增值税额。按以下公式计算填写:

1.本栏"一般项目"列"本月数"=第 11 栏"销项税额""一般项目"列"本月数"-第 18 栏"实际抵扣税额""一般项目"列"本月数"-第 18 栏"实际抵扣税额""一般项目"列"本年累计"。

2.本栏"即征即退项目"列"本月数"＝第11栏"销项税额""即征即退项目"列"本月数"－第18栏"实际抵扣税额""即征即退项目"列"本月数"。

(三十四)第20栏"期末留抵税额"

1.上期留抵税额按规定须挂账的纳税人,按以下要求填写本栏的"本月数"和"本年累计":

(1)本栏"一般项目"列"本月数":反映试点实施以后,货物、劳务和服务、不动产、无形资产共同形成的留抵税额。按表中所列公式计算填写。

(2)本栏"一般项目"列"本年累计":反映货物和劳务挂账留抵税额,在试点实施以后抵减一般货物和劳务应纳税额后的余额。按以下公式计算填写:

本栏"一般项目"列"本年累计"＝第13栏"上期留抵税额""一般项目"列"本年累计"－第18栏"实际抵扣税额""一般项目"列"本年累计"。

(3)本栏"即征即退项目"列"本月数":按表中所列公式计算填写。

2.其他纳税人,按以下要求填写本栏"本月数"和"本年累计":

(1)本栏"一般项目"列"本月数":按表中所列公式计算填写。

(2)本栏"一般项目"列"本年累计":填写"0"。

(3)本栏"即征即退项目"列"本月数":按表中所列公式计算填写。

(三十五)第21栏"简易计税办法计算的应纳税额":反映纳税人本期按简易计税方法计算并应缴纳的增值税额,但不包括按简易计税方法计算的纳税检查应补缴税额。按以下公式计算填写:

本栏"一般项目"列"本月数"＝《附列资料(一)》(第10列第8、9a、10、11行之和－第10列第14行)＋(第14列第9b、12、13a、13b行之和－第14列第15行)

本栏"即征即退项目"列"本月数"＝《附列资料(一)》第10列第14行＋第14列第15行。

营业税改征增值税的纳税人,服务、不动产和无形资产按规定汇总计算缴纳增值税的分支机构,应将预征增值税额填入本栏。预征增值税额＝应预征增值税的销售额×预征率。

(三十六)第22栏"按简易计税办法计算的纳税检查应补缴税额":填写纳税人本期因税务、财政、审计部门检查并按简易计税方法计算的纳税检查应补缴税额。

(三十七)第23栏"应纳税额减征额":填写纳税人本期按照税法规定减征的增值税应纳税额。包含按照规定可在增值税应纳税额中全额抵减的增值税税控系统专用设备费用以及技术维护费。

当本期减征额小于或等于第19栏"应纳税额"与第21栏"简易计税办法计算的应纳税额"之和时,按本期减征额实际填写;当本期减征额大于第19栏"应纳税额"与第21栏"简易计税办法计算的应纳税额"之和时,按本期第19栏与第21栏之和填写。本期减征额不足抵减部分结转下期继续抵减。

(三十八)第24栏"应纳税额合计":反映纳税人本期应缴增值税的合计数。按表中所列公式计算填写。

(三十九)第25栏"期初未缴税额(多缴为负数)":"本月数"按上一税款所属期申报表第32栏"期末未缴税额(多缴为负数)""本月数"填写。"本年累计"按上年度最后一个税款所属期申报表第32栏"期末未缴税额(多缴为负数)""本年累计"填写。

(四十)第26栏"实收出口开具专用缴款书退税额":本栏不填写。

(四十一)第27栏"本期已缴税额":反映纳税人本期实际缴纳的增值税额,但不包括本期入库的查补税款。按表中所列公式计算填写。

(四十二)第28栏"①分次预缴税额":填写纳税人本期已缴纳的准予在本期增值税应纳税额中抵减的税额。

营业税改征增值税的纳税人,分以下几种情况填写:

1.服务、不动产和无形资产按规定汇总计算缴纳增值税的总机构,其可以从本期增值税应纳税额中抵减的分支机构已缴纳的税款,按当期实际可抵减数填入本栏,不足抵减部分结转下期继续抵减。

2.销售建筑服务并按规定预缴增值税的纳税人，其可以从本期增值税应纳税额中抵减的已缴纳的税款，按当期实际可抵减数填入本栏，不足抵减部分结转下期继续抵减。

3.销售不动产并按规定预缴增值税的纳税人，其可以从本期增值税应纳税额中抵减的已缴纳的税款，按当期实际可抵减数填入本栏，不足抵减部分结转下期继续抵减。

4.出租不动产并按规定预缴增值税的纳税人，其可以从本期增值税应纳税额中抵减的已缴纳的税款，按当期实际可抵减数填入本栏，不足抵减部分结转下期继续抵减。

（四十三）第29栏"②出口开具专用缴款书预缴税额"：本栏不填写。

（四十四）第30栏"③本期缴纳上期应纳税额"：填写纳税人本期缴纳上一税款所属期应缴未缴的增值税额。

（四十五）第31栏"④本期缴纳欠缴税额"：反映纳税人本期实际缴纳和留抵税额抵减的增值税欠税额，但不包括缴纳入库的查补增值税额。

（四十六）第32栏"期末未缴税额（多缴为负数）"："本月数"反映纳税人本期期末应缴未缴的增值税额，但不包括纳税检查应缴未缴的税额。按表中所列公式计算填写。"本年累计"与"本月数"相同。

（四十七）第33栏"其中：欠缴税额（≥0）"：反映纳税人按照税法规定已形成欠税的增值税额。按表中所列公式计算填写。

（四十八）第34栏"本期应补（退）税额"：反映纳税人本期应纳税额中应补缴或应退回的数额。按表中所列公式计算填写。

（四十九）第35栏"即征即退实际退税额"：反映纳税人本期因符合增值税即征即退政策规定，而实际收到的税务机关退回的增值税额。

（五十）第36栏"期初未缴查补税额"："本月数"按上一税款所属期申报表第38栏"期末未缴查补税额""本月数"填写。"本年累计"按上年度最后一个税款所属期申报表第38栏"期末未缴查补税额""本年累计"填写。

（五十一）第37栏"本期入库查补税额"：反映纳税人本期因税务、财政、审计部门检查而实际入库的增值税额，包括按一般计税方法计算并实际缴纳的查补增值税额和按简易计税方法计算并实际缴纳的查补增值税额。

（五十二）第38栏"期末未缴查补税额"："本月数"反映纳税人接受纳税检查后应在本期期末缴纳而未缴纳的查补增值税额。按表中所列公式计算填写，"本年累计"与"本月数"相同。

三、《增值税纳税申报表附列资料（一）》（本期销售情况明细）填写说明

（一）"税款所属时间""纳税人名称"的填写同主表。

（二）各列说明

1.第1至2列"开具增值税专用发票"：反映本期开具增值税专用发票（含税控机动车销售统一发票，下同）的情况。

2.第3至4列"开具其他发票"：反映除增值税专用发票以外本期开具的其他发票的情况。

3.第5至6列"未开具发票"：反映本期未开具发票的销售情况。

4.第7至8列"纳税检查调整"：反映经税务、财政、审计部门检查并在本期调整的销售情况。

5.第9至11列"合计"：按照表中所列公式填写。

营业税改征增值税的纳税人，服务、不动产和无形资产有扣除项目的，第1至11列应填写扣除之前的征（免）税销售额、销项（应纳）税额和价税合计额。

6.第12列"服务、不动产和无形资产扣除项目本期实际扣除金额"：营业税改征增值税的纳税人，服务、不动产和无形资产有扣除项目的，按《附列资料（三）》第5列对应各行次数据填写，其中本列第5栏等于《附列资料（三）》第5列第3行与第4行之和；服务、不动产和无形资产无扣除项目的，本列填写

"0"。其他纳税人不填写。

营业税改征增值税的纳税人，服务、不动产和无形资产按规定汇总计算缴纳增值税的分支机构，当期服务、不动产和无形资产有扣除项目的，填入本列第13行。

7.第13列"扣除后""含税（免税）销售额"：营业税改征增值税的纳税人，服务、不动产和无形资产有扣除项目的，本列各行次＝第11列对应各行次－第12列对应各行次。其他纳税人不填写。

8.第14列"扣除后""销项（应纳）税额"：营业税改征增值税的纳税人，服务、不动产和无形资产有扣除项目的，按以下要求填写本列，其他纳税人不填写。

（1）服务、不动产和无形资产按照一般计税方法计税

本列各行次＝第13列÷（100%＋对应行次税率）×对应行次税率

本列第7行"按一般计税方法计税的即征即退服务、不动产和无形资产"不按本列的说明填写。具体填写要求见"各行说明"第2条第（2）项第③点的说明。

（2）服务、不动产和无形资产按照简易计税方法计税

本列各行次＝第13列÷（100%＋对应行次征收率）×对应行次征收率

本列第13行"预征率 ％"不按本列的说明填写。具体填写要求见"各行说明"第4条第（2）项。

（3）服务、不动产和无形资产实行免抵退税或免税的，本列不填写。

（三）各行说明

1.第1至5行"一、一般计税方法计税""全部征税项目"各行：按不同税率和项目分别填写按一般计税方法计算增值税的全部征税项目。有即征即退征税项目的纳税人，本部分数据中既包括即征即退征税项目，又包括不享受即征即退政策的一般征税项目。

2.第6至7行"一、一般计税方法计税""其中：即征即退项目"各行：只反映按一般计税方法计算增值税的即征即退项目。按照税法规定不享受即征即退政策的纳税人，不填写本行。即征即退项目是全部征税项目的其中数。

（1）第6行"即征即退货物及加工修理修配劳务"：反映按一般计税方法计算增值税且享受即征即退政策的货物和加工修理修配劳务。本行不包括服务、不动产和无形资产的内容。

①本行第9列"合计""销售额"栏：反映按一般计税方法计算增值税且享受即征即退政策的货物及加工修理修配劳务的不含税销售额。该栏不按第9列所列公式计算，应按照税法规定据实填写。

②本行第10列"合计""销项（应纳）税额"栏：反映按一般计税方法计算增值税且享受即征即退政策的货物及加工修理修配劳务的销项税额。该栏不按第10列所列公式计算，应按照税法规定据实填写。

（2）第7行"即征即退服务、不动产和无形资产"：反映按一般计税方法计算增值税且享受即征即退政策的服务、不动产和无形资产。本行不包括货物及加工修理修配劳务的内容。

①本行第9列"合计""销售额"栏：反映按一般计税方法计算增值税且享受即征即退政策的服务、不动产和无形资产的不含税销售额。服务、不动产和无形资产有扣除项目的，按扣除之前的不含税销售额填写。该栏不按第9列所列公式计算，应按照税法规定据实填写。

②本行第10列"合计""销项（应纳）税额"栏：反映按一般计税方法计算增值税且享受即征即退政策的服务、不动产和无形资产的销项税额。服务、不动产和无形资产有扣除项目的，按扣除之前的销项税额填写。该栏不按第10列所列公式计算，应按照税法规定据实填写。

③本行第14列"扣除后""销项（应纳）税额"栏：反映按一般计税方法征收增值税且享受即征即退政策的服务、不动产和无形资产实际应计提的销项税额。服务、不动产和无形资产有扣除项目的，按扣除之后的销项税额填写；服务、不动产和无形资产无扣除项目的，按本行第10列填写。该栏不按第14列所列公式计算，应按照税法规定据实填写。

3.第8至12行"二、简易计税方法计税""全部征税项目"各行：按不同征收率和项目分别填写按简易计税方法计算增值税的全部征税项目。有即征即退征税项目的纳税人，本部分数据中既包括即征即

退项目,也包括不享受即征即退政策的一般征税项目。

4.第13a至13c行"二、简易计税方法计税""预征率 ％":反映营业税改征增值税的纳税人,服务、不动产和无形资产按规定汇总计算缴纳增值税的分支机构,预征增值税销售额、预征增值税应纳税额。其中,第13a行"预征率 ％"适用于所有实行汇总计算缴纳增值税的分支机构试点纳税人;第13b、13c行"预征率 ％"适用于部分实行汇总计算缴纳增值税的铁路运输试点纳税人。

(1)第13a至13c行第1至6列按照销售额和销项税额的实际发生数填写。

(2)第13a至13c行第14列,纳税人按"应预征缴纳的增值税＝应预征增值税销售额×预征率"公式计算后据实填写。

5.第14至15行"二、简易计税方法计税""其中:即征即退项目"各行:只反映按简易计税方法计算增值税的即征即退项目。按照税法规定不享受即征即退政策的纳税人,不填写本行。即征即退项目是全部征税项目的其中数。

(1)第14行"即征即退货物及加工修理修配劳务":反映按简易计税方法计算增值税且享受即征即退政策的货物及加工修理修配劳务。本行不包括服务、不动产和无形资产的内容。

①本行第9列"合计""销售额"栏:反映按简易计税方法计算增值税且享受即征即退政策的货物及加工修理修配劳务的不含税销售额。该栏不按第9列所列公式计算,应按照税法规定据实填写。

②本行第10列"合计""销项(应纳)税额"栏:反映按简易计税方法计算增值税且享受即征即退政策的货物及加工修理修配劳务的应纳税额。该栏不按第10列所列公式计算,应按照税法规定据实填写。

(2)第15行"即征即退服务、不动产和无形资产":反映按简易计税方法计算增值税且享受即征即退政策的服务、不动产和无形资产。本行不包括货物及加工修理修配劳务的内容。

①本行第9列"合计""销售额"栏:反映按简易计税方法计算增值税且享受即征即退政策的服务、不动产和无形资产的不含税销售额。服务、不动产和无形资产有扣除项目的,按扣除之前的不含税销售额填写。该栏不按第9列所列公式计算,应按照税法规定据实填写。

②本行第10列"合计""销项(应纳)税额"栏:反映按简易计税方法计算增值税且享受即征即退政策的服务、不动产和无形资产的应纳税额。服务、不动产和无形资产有扣除项目的,按扣除之前的应纳税额填写。该栏不按第10列所列公式计算,应按照税法规定据实填写。

③本行第14列"扣除后""销项(应纳)税额"栏:反映按简易计税方法计算增值税且享受即征即退政策的服务、不动产和无形资产实际应计提的应纳税额。服务、不动产和无形资产有扣除项目的,按扣除之后的应纳税额填写;服务、不动产和无形资产无扣除项目的,按本行第10列填写。

6.第16行"三、免抵退税""货物及加工修理修配劳务":反映适用免、抵、退税政策的出口货物、加工修理修配劳务。

7.第17行"三、免抵退税""服务、不动产和无形资产":反映适用免、抵、退税政策的服务、不动产和无形资产。

8.第18行"四、免税""货物及加工修理修配劳务":反映按照税法规定免征增值税的货物及劳务和适用零税率的出口货物及劳务,但零税率的销售额中不包括适用免、抵、退税办法的出口货物及劳务。

9.第19行"四、免税""服务、不动产和无形资产":反映按照税法规定免征增值税的服务、不动产、无形资产和适用零税率的服务、不动产、无形资产,但零税率的销售额中不包括适用免、抵、退税办法的服务、不动产和无形资产。

四、《增值税纳税申报表附列资料(二)》(本期进项税额明细)填写说明

(一)"税款所属时间""纳税人名称"的填写同主表。

(二)第1至12栏"一、申报抵扣的进项税额":分别反映纳税人按税法规定符合抵扣条件,在本期申报抵扣的进项税额。

1.第1栏"(一)认证相符的增值税专用发票":反映纳税人取得的认证相符本期申报抵扣的增值税专用发票情况。该栏应等于第2栏"本期认证相符且本期申报抵扣"与第3栏"前期认证相符且本期申报抵扣"数据之和。

2.第2栏"其中:本期认证相符且本期申报抵扣":反映本期认证相符且本期申报抵扣的增值税专用发票的情况。本栏是第1栏的其中数,本栏只填写本期认证相符且本期申报抵扣的部分。

适用取消增值税发票认证规定的纳税人,当期申报抵扣的增值税发票数据,也填报在本栏中。

3.第3栏"前期认证相符且本期申报抵扣":反映前期认证相符且本期申报抵扣的增值税专用发票的情况。

辅导期纳税人依据税务机关告知的稽核比对结果通知书及明细清单注明的稽核相符的增值税专用发票填写本栏。本栏是第1栏的其中数,只填写前期认证相符且本期申报抵扣的部分。

4.第4栏"(二)其他扣税凭证":反映本期申报抵扣的除增值税专用发票之外的其他扣税凭证的情况。具体包括:海关进口增值税专用缴款书、农产品收购发票或者销售发票(含农产品核定扣除的进项税额)、代扣代缴税收完税凭证和其他符合政策规定的抵扣凭证。该栏应等于第5至8栏之和。

5.第5栏"海关进口增值税专用缴款书":反映本期申报抵扣的海关进口增值税专用缴款书的情况。按规定执行海关进口增值税专用缴款书先比对后抵扣的,纳税人需依据税务机关告知的稽核比对结果通知书及明细清单注明的稽核相符的海关进口增值税专用缴款书填写本栏。

6.第6栏"农产品收购发票或者销售发票":反映本期申报抵扣的农产品收购发票和农产品销售普通发票的情况。执行农产品增值税进项税额核定扣除办法的,填写当期允许抵扣的农产品增值税进项税额,不填写"份数""金额"。

7.第7栏"代扣代缴税收缴款凭证":填写本期按规定准予抵扣的完税凭证上注明的增值税额。

8.第8栏"其他":反映按规定本期可以申报抵扣的其他扣税凭证情况。

纳税人按照规定不得抵扣且未抵扣进项税额的固定资产、无形资产、不动产,发生用途改变,用于允许抵扣进项税额的应税项目,可在用途改变的次月将按公式计算出的可以抵扣的进项税额,填入"税额"栏。

9.第9栏"(三)本期用于购建不动产的扣税凭证":反映按规定本期用于购建不动产并适用分2年抵扣规定的扣税凭证上注明的金额和税额。购建不动产是指纳税人2016年5月1日后取得并在会计制度上按固定资产核算的不动产或者2016年5月1日后取得的不动产在建工程。

取得不动产,包括以直接购买、接受捐赠、接受投资入股、自建以及抵债等各种形式取得不动产,不包括房地产开发企业自行开发的房地产项目。

本栏次包括第1栏中本期用于购建不动产的增值税专用发票和第4栏中本期用于购建不动产的其他扣税凭证。

本栏"金额""税额"<第1栏+第4栏且本栏"金额""税额"≥0。

纳税人按照规定不得抵扣且未抵扣进项税额的不动产,发生用途改变,用于允许抵扣进项税额的应税项目,可在用途改变的次月将按公式计算出的可以抵扣的进项税额,填入"税额"栏。

本栏"税额"列=《附列资料(五)》第2列"本期不动产进项税额增加额"。

10.第10栏"(四)本期不动产允许抵扣进项税额":反映按规定本期实际申报抵扣的不动产进项税额。本栏"税额"

列=《附列资料(五)》第3列"本期可抵扣不动产进项税额"

11.第11栏"(五)外贸企业进项税额抵扣证明":填写本期申报抵扣的税务机关出口退税部门开具的《出口货物转内销证明》列明允许抵扣的进项税额。

12.第12栏"当期申报抵扣进项税额合计":反映本期申报抵扣进项税额的合计数。按表中所列公式计算填写。

（三）第13至23栏"二、进项税额转出额"各栏：分别反映纳税人已经抵扣但按规定应在本期转出的进项税额明细情况。

1.第13栏"本期进项税额转出额"：反映已经抵扣但按规定应在本期转出的进项税额合计数。按表中所列公式计算填写。

2.第14栏"免税项目用"：反映用于免征增值税项目，按规定应在本期转出的进项税额。

3.第15栏"集体福利、个人消费"：反映用于集体福利或者个人消费，按规定应在本期转出的进项税额。

4.第16栏"非正常损失"：反映纳税人发生非正常损失，按规定应在本期转出的进项税额。

5.第17栏"简易计税方法征税项目用"：反映用于按简易计税方法征税项目，按规定应在本期转出的进项税额。

营业税改征增值税的纳税人，服务、不动产和无形资产按规定汇总计算缴纳增值税的分支机构，当期应由总机构汇总的进项税额也填入本栏。

6.第18栏"免抵退税办法不得抵扣的进项税额"：反映按照免、抵、退税办法的规定，由于征税税率与退税税率存在税率差，在本期应转出的进项税额。

7.第19栏"纳税检查调减进项税额"：反映税务、财政、审计部门检查后而调减的进项税额。

8.第20栏"红字专用发票信息表注明的进项税额"：填写主管税务机关开具的《开具红字增值税专用发票信息表》注明的在本期应转出的进项税额。

9.第21栏"上期留抵税额抵减欠税"：填写本期经税务机关同意，使用上期留抵税额抵减欠税的数额。

10.第22栏"上期留抵税额退税"：填写本期经税务机关批准的上期留抵税额退税额。

11.第23栏"其他应作进项税额转出的情形"：反映除上述进项税额转出情形外，其他应在本期转出的进项税额。

（四）第24至34栏"三、待抵扣进项税额"各栏：分别反映纳税人已经取得，但按税法规定不符合抵扣条件，暂不予在本期申报抵扣的进项税额情况及按税法规定不允许抵扣的进项税额情况。

1.第24至28栏均为增值税专用发票的情况。

2.第25栏"期初已认证相符但未申报抵扣"：反映前期认证相符，但按照税法规定暂不予抵扣及不允许抵扣，结存至本期的增值税专用发票情况。辅导期纳税人填写认证相符但未收到稽核比对结果的增值税专用发票期初情况。

3.第26栏"本期认证相符且本期未申报抵扣"：反映本期认证相符，但按税法规定暂不予抵扣及不允许抵扣，而未申报抵扣的增值税专用发票情况。辅导期纳税人填写本期认证相符但未收到稽核比对结果的增值税专用发票情况。

4.第27栏"期末已认证相符但未申报抵扣"：反映截至本期期末，按照税法规定仍暂不予抵扣及不允许抵扣且已认证相符的增值税专用发票情况。辅导期纳税人填写截至本期期末已认证相符但未收到稽核比对结果的增值税专用发票期末情况。

5.第28栏"其中：按照税法规定不允许抵扣"：反映截至本期期末已认证相符但未申报抵扣的增值税专用发票中，按照税法规定不允许抵扣的增值税专用发票情况。

6.第29栏"（二）其他扣税凭证"：反映截至本期期末仍未申报抵扣的除增值税专用发票之外的其他扣税凭证情况。具体包括：海关进口增值税专用缴款书、农产品收购发票或者销售发票、代扣代缴税收完税凭证和其他符合政策规定的抵扣凭证。该栏应等于第30至33栏之和。

7.第30栏"海关进口增值税专用缴款书"：反映已取得但截至本期期末仍未申报抵扣的海关进口增值税专用缴款书情况，包括纳税人未收到稽核比对结果的海关进口增值税专用缴款书情况。

8.第31栏"农产品收购发票或者销售发票"：反映已取得但截至本期期末仍未申报抵扣的农产品收

购发票和农产品销售普通发票情况。

9.第32栏"代扣代缴税收缴款凭证":反映已取得但截至本期期末仍未申报抵扣的代扣代缴税收完税凭证情况。

10.第33栏"其他":反映已取得但截至本期期末仍未申报抵扣的其他扣税凭证的情况。

(五)第35至36栏"四、其他"各栏。

1.第35栏"本期认证相符的增值税专用发票":反映本期认证相符的增值税专用发票的情况。

2.第36栏"代扣代缴税额":填写纳税人根据《中华人民共和国增值税暂行条例》第十八条扣缴的应税劳务增值税额与根据营业税改征增值税有关政策规定扣缴的服务、不动产和无形资产增值税额之和。

五、《增值税纳税申报表附列资料(三)》(服务、不动产和无形资产扣除项目明细)填写说明

(一)本表由服务、不动产和无形资产有扣除项目的营业税改征增值税纳税人填写。其他纳税人不填写。

(二)"税款所属时间""纳税人名称"的填写同主表。

(三)第1列"本期服务、不动产和无形资产价税合计额(免税销售额)":营业税改征增值税的服务、不动产和无形资产属于征税项目的,填写扣除之前的本期服务、不动产和无形资产价税合计额;营业税改征增值税的服务、不动产和无形资产属于免抵退或免税项目的,填写扣除之前的本期服务、不动产和无形资产免税销售额。本列各行次等于《附列资料(一)》第11列对应行次,其中本列第3行和第4行之和等于《附列资料(一)》第11列第5栏。

营业税改征增值税的纳税人,服务、不动产和无形资产按规定汇总计算缴纳增值税的分支机构,本列各行次之和等于《附列资料(一)》第11列第13a、13b行之和。

(四)第2列"服务、不动产和无形资产扣除项目""期初余额":填写服务、不动产和无形资产扣除项目上期期末结存的金额,试点实施之日的税款所属期填写"0"。本列各行次等于上期《附列资料(三)》第6列对应行次。

本列第4行"6%税率的金融商品转让项目""期初余额"年初首期填报时应填"0"。

(五)第3列"服务、不动产和无形资产扣除项目""本期发生额":填写本期取得的按税法规定准予扣除的服务、不动产和无形资产扣除项目金额。

(六)第4列"服务、不动产和无形资产扣除项目""本期应扣除金额":填写服务、不动产和无形资产扣除项目本期应扣除的金额。

本列各行次=第2列对应各行次+第3列对应各行次

(七)第5列"服务、不动产和无形资产扣除项目""本期实际扣除金额":填写服务、不动产和无形资产扣除项目本期实际扣除的金额。

本列各行次≤第4列对应各行次且本列各行次≤第1列对应各行次。

(八)第6列"服务、不动产和无形资产扣除项目""期末余额":填写服务、不动产和无形资产扣除项目本期期末结存的金额。

本列各行次=第4列对应各行次-第5列对应各行次

六、《增值税纳税申报表附列资料(四)》(税额抵减情况表)填写说明

本表第1行由发生增值税税控系统专用设备费用和技术维护费的纳税人填写,反映纳税人增值税税控系统专用设备费用和技术维护费按规定抵减增值税应纳税额的情况。

本表第2行由营业税改征增值税纳税人,服务、不动产和无形资产按规定汇总计算缴纳增值税的总机构填写,反映其分支机构预征缴纳税款抵减总机构应纳增值税税额的情况。

本表第3行由销售建筑服务并按规定预缴增值税的纳税人填写,反映其销售建筑服务预征缴纳税款抵减应纳增值税税额的情况。

本表第 4 行由销售不动产并按规定预缴增值税的纳税人填写,反映其销售不动产预征缴纳税款抵减应纳增值税税额的情况。

本表第 5 行由出租不动产并按规定预缴增值税的纳税人填写,反映其出租不动产预征缴纳税款抵减应纳增值税税额的情况。

未发生上述业务的纳税人不填写本表。

七、《增值税纳税申报表附列资料(五)》(不动产分期抵扣计算表)填表说明

(一)本表由分期抵扣不动产进项税额的纳税人填写。

(二)"税款所属时间""纳税人名称"的填写同主表。

(三)第 1 列"期初待抵扣不动产进项税额":填写纳税人上期期末待抵扣不动产进项税额。

(四)第 2 列"本期不动产进项税额增加额":填写本期取得的符合税法规定的不动产进项税额。

(五)第 3 列"本期可抵扣不动产进项税额":填写符合税法规定可以在本期抵扣的不动产进项税额。

(六)第 4 列"本期转入的待抵扣不动产进项税额":填写按照税法规定本期应转入的待抵扣不动产进项税额。

本列数≤《附列资料(二)》第 23 栏"税额"。

(七)第 5 列"本期转出的待抵扣不动产进项税额":填写按照税法规定本期应转出的待抵扣不动产进项税额。

(八)第 6 列"期末待抵扣不动产进项税额":填写本期期末尚未抵扣的不动产进项税额,按表中公式填写。

八、《固定资产(不含不动产)进项税额抵扣情况表》填写说明

本表反映纳税人在《附列资料(二)》"一、申报抵扣的进项税额"中固定资产的进项税额。本表按增值税专用发票、海关进口增值税专用缴款书分别填写。

九、《本期抵扣进项税额结构明细表》填写说明

(一)"税款所属时间""纳税人名称"的填写同主表。

(二)第 1 栏"合计"按表中所列公式计算填写。

本栏与《增值税纳税申报表附列资料(二)》(本期进项税额明细,以下简称《附列资料(二)》)相关栏次勾稽关系如下:

本栏"税额"列=《附列资料(二)》第 12 栏"税额"列-《附列资料(二)》第 10 栏"税额"列-《附列资料(二)》第 11 栏"税额"列。

(三)第 2 至 27 栏"一、按税率或征收率归集(不包括购建不动产、通行费)的进项"各栏:反映纳税人按税法规定符合抵扣条件,在本期申报抵扣的不同税率(或征收率)的进项税额,不包括用于购建不动产的允许一次性抵扣和分期抵扣的进项税额,以及纳税人支付的道路、桥、闸通行费,取得的增值税扣税凭证上注明或计算的进项税额。

其中,第 27 栏反映纳税人租入个人住房,本期申报抵扣的减按 1.5% 征收率的进项税额。

纳税人执行农产品增值税进项税额核定扣除办法的,按照农产品增值税进项税额扣除率所对应的税率,将计算抵扣的进项税额填入相应栏次。

纳税人取得通过增值税发票管理新系统中差额征税开票功能开具的增值税专用发票,按照实际购买的服务、不动产或无形资产对应的税率或征收率,将扣税凭证上注明的税额填入对应栏次。

(四)第 29 至 30 栏"二、按抵扣项目归集的进项"各栏:反映纳税人按税法规定符合抵扣条件,在本期申报抵扣的不同抵扣项目的进项税额。

1.第 29 栏反映纳税人用于购建不动产允许一次性抵扣的进项税额。

购建不动产允许一次性抵扣的进项税额,是指纳税人用于购建不动产时,发生的允许抵扣且不适用分期抵扣政策的进项税额。

2.第 30 栏反映纳税人支付道路、桥、闸通行费,取得的增值税扣税凭证上注明或计算的进项税额。

(五)本表内各栏间逻辑关系如下:

第 1 栏表内公式为 1＝2＋4＋5＋11＋16＋18＋27＋29＋30;

第 2 栏≥第 3 栏;

第 5 栏≥第 6 栏＋第 7 栏＋第 8 栏＋第 9 栏＋第 10 栏;

第 11 栏≥第 12 栏＋第 13 栏＋第 14 栏＋第 15 栏;

第 16 栏≥第 17 栏;

第 18 栏≥第 19 栏＋第 20 栏＋第 21 栏＋第 22 栏＋第 23 栏＋第 24 栏＋第 25 栏＋第 26 栏。

十、《增值税减免税申报明细表》填写说明

(一)本表由享受增值税减免税优惠政策的增值税一般纳税人和小规模纳税人填写。仅享受月销售额不超过 3 万元(按季纳税 9 万元)免征增值税政策或未达起征点的增值税小规模纳税人不需填报本表,即小规模纳税人当期增值税纳税申报表主表第 12 栏"其他免税销售额""本期数"和第 16 栏"本期应纳税额减征额""本期数"均无数据时,不需填报本表。

(二)"税款所属时间""纳税人名称"的填写同增值税纳税申报表主表(以下简称主表)。

(三)"一、减税项目"由本期按照税收法律、法规及国家有关税收规定享受减征(包含税额式减征、税率式减征)增值税优惠的纳税人填写。

1."减税性质代码及名称":根据国家税务总局最新发布的《减免性质及分类表》所列减免性质代码、项目名称填写。同时有多个减征项目的,应分别填写。

2.第 1 列"期初余额":填写应纳税额减征项目上期"期末余额",为对应项目上期应抵减而不足抵减的余额。

3.第 2 列"本期发生额":填写本期发生的按照规定准予抵减增值税应纳税额的金额。

4.第 3 列"本期应抵减税额":填写本期应抵减增值税应纳税额的金额。本列按表中所列公式填写。

5.第 4 列"本期实际抵减税额":填写本期实际抵减增值税应纳税额的金额。本列各行≤第 3 列对应各行。

一般纳税人填写时,第 1 行"合计"本列数＝主表第 23 行"一般项目"列"本月数"。

小规模纳税人填写时,第 1 行"合计"本列数＝主表第 16 行"本期应纳税额减征额""本期数"。

6.第 5 列"期末余额":按表中所列公式填写。

(四)"二、免税项目"由本期按照税收法律、法规及国家有关税收规定免征增值税的纳税人填写。仅享受小微企业免征增值税政策或未达起征点的小规模纳税人不需填写,即小规模纳税人申报表主表第 12 栏"其他免税销售额""本期数"无数据时,不需填写本栏。

1."免税性质代码及名称":根据国家税务总局最新发布的《减免性质及分类表》所列减免性质代码、项目名称填写。同时有多个免税项目的,应分别填写。

2."出口免税"填写纳税人本期按照税法规定出口免征增值税的销售额,但不包括适用免、抵、退税办法出口的销售额。小规模纳税人不填写本栏。

3.第 1 列"免征增值税项目销售额":填写纳税人免税项目的销售额。免税销售额按照有关规定允许从取得的全部价款和价外费用中扣除价款的,应填写扣除之前的销售额。

一般纳税人填写时,本列"合计"等于主表第 8 行"一般项目"列"本月数"。

小规模纳税人填写时,本列"合计"等于主表第 12 行"其他免税销售额""本期数"。

4.第2列"免税销售额扣除项目本期实际扣除金额":免税销售额按照有关规定允许从取得的全部价款和价外费用中扣除价款的,据实填写扣除金额;无扣除项目的,本列填写"0"。

5.第3列"扣除后免税销售额":按表中所列公式填写。

6.第4列"免税销售额对应的进项税额":本期用于增值税免税项目的进项税额。小规模纳税人不填写本列,一般纳税人按下列情况填写:

(1)纳税人兼营应税和免税项目的,按当期免税销售额对应的进项税额填写;

(2)纳税人本期销售收入全部为免税项目,且当期取得合法扣税凭证的,按当期取得的合法扣税凭证注明或计算的进项税额填写;

(3)当期未取得合法扣税凭证的,纳税人可根据实际情况自行计算免税项目对应的进项税额;无法计算的,本栏次填"0"。

7.第5列"免税额":一般纳税人和小规模纳税人分别按下列公式计算填写,且本列各行数应大于或等于0。

一般纳税人公式:第5列"免税额"≤第3列"扣除后免税销售额"×适用税率－第4列"免税销售额对应的进项税额"。

小规模纳税人公式:第5列"免税额"＝第3列"扣除后免税销售额"×征收率。

(二)增值税小规模纳税人纳税申报实训

1.信达有限公司基本情况如下:

企业为小规模纳税人,税率为3%,按月缴纳增值税。生产企业工商登记号是370000018065338,注册资本为100万人民币,开户银行是中国工商银行济南市工业南路支行,账号是0101020608,纳税人识别号是370102000000014,公司联系电话是0531-81831248,公司地址是山东省济南市工业南路90号,公司经营范围是生产销售食品,法定代表人是宋佳,财务负责任人是肖冰,记账及纳税人是李梅。该企业下月初缴纳本月增值税。

2.公司2016年10月发生如下业务:

(1)6日购入生产用原材料,内列货款11 700元,材料验收入库,款项以转账支票付讫,收到普通发票一张。

(2)20日出售一台使用过的食品设备,设备售价为20 600元,收到转账支票一张,送存银行。食品设备原价60 000元,已计提折旧30 000元。

(3)15日用库存现金向果农收购水果一批,法定收购凭证内列买价50 000元,同时以转账支票支付该批水果运输费1 000元,取得专业运输公司开具的运费增值税专用发票,注明增值税110元。水果按实际成本验收入库,作为企业的原材料。

(4)本月销售本企业生产的产品,取得含税销售收入41 200元,货款尚未收到,该产品成本为15 000元。

3.要求:

(1)根据以上业务计算信达有限公司10月应纳增值税。

(2)填制小规模纳税人增值税纳税申报表及附表。

增值税纳税申报表

（小规模纳税人适用）

纳税人识别号：□□□□□□□□□□□□□□□□□□□□

纳税人名称（公章）：　　　　　　　　　　　　　　金额单位：元（列至角分）

税款所属期：　年　月　日至　年　月　日　　　　　填表日期：　年　月　日

项　目	栏次	本期数		本年累计	
		货物及劳务	服务、不动产和无形资产	货物及劳务	服务、不动产和无形资产
一、计税依据 (一)应征增值税不含税销售额	1	20 000			
税务机关代开的增值税专用发票不含税销售额	2				
税控器具开具的普通发票不含税销售额	3				
(二)销售、出租不动产不含税销售额	4	—		—	
税务机关代开的增值税专用发票不含税销售额	5	—		—	
税控器具开具的普通发票不含税销售额	6	—		—	
(三)销售使用过的固定资产不含税销售额	7(7≥8)		—		—
其中:税控器具开具的普通发票不含税销售额	8		—		—
(四)免税销售额	9=10+11+12				
其中:小微企业免税销售额	10				
未达起征点销售额	11				
其他免税销售额	12				
(五)出口免税销售额	13(13≥14)				
其中:税控器具开具的普通发票销售额	14				
二、税款计算 本期应纳税额	15	600			
本期应纳税额减征额	16				
本期免税额	17				
其中:小微企业免税额	18				
未达起征点免税额	19				
应纳税额合计	20=15-16	600			
本期预缴税额	21	—		—	
本期应补(退)税额	22=20-21	600			

纳税人或代理人声明：如纳税人填报，由纳税人填写以下各栏：

本纳税申报表是根据国家税收法律法规及相关规定填报的，我确定它是真实的、可靠的、完整的。

办税人员：　　　　　　　　　财务负责人：
法定代表人：　　　　　　　　联系电话：

如委托代理人填报，由代理人填写以下各栏：

代理人名称（公章）：　　　　经办人：

联系电话：

主管税务机关：　　　　　　接收人：　　　　　　接收日期：

增值税纳税申报表(小规模纳税人适用)附列资料

税款所属期: 年 月 日至 年 月 日　　　　　　　　　　填表日期: 年 月 日

纳税人名称(公章):　　　　　　　　　　　　　　　　　金额单位:元(列至角分)

应税行为(3%征收率)扣除额计算			
期初余额	本期发生额	本期扣除额	期末余额
1	2	3(3≤1+2,且 3≤5)	4=1+2-3

应税行为(3%征收率)计税销售额计算			
全部含税收入 (适用3%征收率)	本期扣除额	含税销售额	不含税销售额
5	6=3	7=5-6	8=7÷1.03

应税行为(5%征收率)扣除额计算			
期初余额	本期发生额	本期扣除额	期末余额
9	10	11(11≤9+10, 且 11≤13)	12=9+10-11

应税行为(5%征收率)计税销售额计算			
全部含税收入 (适用5%征收率)	本期扣除额	含税销售额	不含税销售额
13	14=11	15=13-14	16=15÷1.05

《增值税纳税申报表(小规模纳税人适用)》
及其附列资料填写说明

本纳税申报表及其附列资料填写说明(以下简称本表及填写说明)适用于增值税小规模纳税人(以下简称纳税人)。

一、名词解释

(一)本表及填写说明所称"货物",是指增值税的应税货物。

(二)本表及填写说明所称"劳务",是指增值税的应税加工、修理、修配劳务。

(三)本表及填写说明所称"服务、不动产和无形资产",是指销售服务、不动产和无形资产(以下简称应税行为)。

(四)本表及填写说明所称"扣除项目",是指纳税人发生应税行为,在确定销售额时,按照有关规定允许其从取得的全部价款和价外费用中扣除价款的项目。

二、《增值税纳税申报表(小规模纳税人适用)》填写说明

本表"货物及劳务"与"服务、不动产和无形资产"各项目应分别填写。

(一)"税款所属期"是指纳税人申报的增值税应纳税额的所属时间,应填写具体的起止年、月、日。

(二)"纳税人识别号"栏,填写纳税人的税务登记证件号码。

(三)"纳税人名称"栏,填写纳税人名称全称。

(四)第1栏"应征增值税不含税销售额(3%征收率)":填写本期销售货物及劳务、发生应税行为适用3%征收率的不含税销售额,不包括应税行为适用5%征收率的不含税销售额、销售使用过的固定资产和销售旧货的不含税销售额、免税销售额、出口免税销售额、查补销售额。

纳税人发生适用3%征收率的应税行为且有扣除项目的,本栏填写扣除后的不含税销售额,与当期《增值税纳税申报表(小规模纳税人适用)附列资料》第8栏数据一致。

(五)第2栏"税务机关代开的增值税专用发票不含税销售额":填写税务机关代开的增值税专用发票销售额合计。

(六)第3栏"税控器具开具的普通发票不含税销售额":填写税控器具开具的货物及劳务、应税行为的普通发票金额换算的不含税销售额。

(七)第4栏"应征增值税不含税销售额(5%征收率)":填写本期发生应税行为适用5%征收率的不含税销售额。

纳税人发生适用5%征收率应税行为且有扣除项目的,本栏填写扣除后的不含税销售额,与当期《增值税纳税申报表(小规模纳税人适用)附列资料》第16栏数据一致。

(八)第5栏"税务机关代开的增值税专用发票不含税销售额":填写税务机关代开的增值税专用发票销售额合计。

(九)第6栏"税控器具开具的普通发票不含税销售额":填写税控器具开具的发生应税行为的普通发票金额换算的不含税销售额。

(十)第7栏"销售使用过的固定资产不含税销售额":填写销售自己使用过的固定资产(不含不动产,下同)和销售旧货的不含税销售额,销售额=含税销售额/(1+3%)。

(十一)第8栏"税控器具开具的普通发票不含税销售额":填写税控器具开具的销售自己使用过的固定资产和销售旧货的普通发票金额换算的不含税销售额。

(十二)第9栏"免税销售额":填写销售免征增值税的货物及劳务、应税行为的销售额,不包括出口免税销售额。

应税行为有扣除项目的纳税人,填写扣除之前的销售额。

(十三)第10栏"小微企业免税销售额":填写符合小微企业免征增值税政策的免税销售额,不包括符合其他增值税免税政策的销售额。个体工商户和其他个人不填写本栏次。

(十四)第11栏"未达起征点销售额":填写个体工商户和其他个人未达起征点(含支持小微企业免征增值税政策)的免税销售额,不包括符合其他增值税免税政策的销售额。本栏次由个体工商户和其他个人填写。

(十五)第12栏"其他免税销售额":填写销售免征增值税的货物及劳务、应税行为的销售额,不包括符合小微企业免征增值税和未达起征点政策的免税销售额。

(十六)第13栏"出口免税销售额":填写出口免征增值税货物及劳务、出口免征增值税应税行为的销售额。

应税行为有扣除项目的纳税人,填写扣除之前的销售额。

(十七)第14栏"税控器具开具的普通发票销售额":填写税控器具开具的出口免征增值税货物及劳

务、出口免征增值税应税行为的普通发票销售额。

（十八）第 15 栏"本期应纳税额"：填写本期按征收率计算缴纳的应纳税额。

（十九）第 16 栏"本期应纳税额减征额"：填写纳税人本期按照税法规定减征的增值税应纳税额。包含可在增值税应纳税额中全额抵减的增值税税控系统专用设备费用以及技术维护费，可在增值税应纳税额中抵免的购置税控收款机的增值税税额。

当本期减征额小于或等于第 15 栏"本期应纳税额"时，按本期减征额实际填写；当本期减征额大于第 15 栏"本期应纳税额"时，按本期第 15 栏填写，本期减征额不足抵减部分结转下期继续抵减。

（二十）第 17 栏"本期免税额"：填写纳税人本期增值税免税额，免税额根据第 9 栏"免税销售额"和征收率计算。

（二十一）第 18 栏"小微企业免税额"：填写符合小微企业免征增值税政策的增值税免税额，免税额根据第 10 栏"小微企业免税销售额"和征收率计算。

（二十二）第 19 栏"未达起征点免税额"：填写个体工商户和其他个人未达起征点（含支持小微企业免征增值税政策）的增值税免税额，免税额根据第 11 栏"未达起征点销售额"和征收率计算。

（二十三）第 21 栏"本期预缴税额"：填写纳税人本期预缴的增值税额，但不包括查补缴纳的增值税额。

三、《增值税纳税申报表（小规模纳税人适用）附列资料》填写说明

本附列资料由发生应税行为且有扣除项目的纳税人填写，各栏次均不包含免征增值税项目的金额。

（一）"税款所属期"是指纳税人申报的增值税应纳税额的所属时间，应填写具体的起止年、月、日。

（二）"纳税人名称"栏，填写纳税人名称全称。

（三）第 1 栏"期初余额"：填写适用 3% 征收率的应税行为扣除项目上期期末结存的金额，试点实施之日的税款所属期填写"0"。

（四）第 2 栏"本期发生额"：填写本期取得的按税法规定准予扣除的适用 3% 征收率的应税行为扣除项目金额。

（五）第 3 栏"本期扣除额"：填写适用 3% 征收率的应税行为扣除项目本期实际扣除的金额。

第 3 栏"本期扣除额"≤第 1 栏"期初余额"+第 2 栏"本期发生额"之和，且第 3 栏"本期扣除额"≤第 5 栏"全部含税收入（适用 3% 征收率）"。

（六）第 4 栏"期末余额"：填写适用 3% 征收率的应税行为扣除项目本期期末结存的金额。

（七）第 5 栏"全部含税收入（适用 3% 征收率）"：填写纳税人适用 3% 征收率的应税行为取得的全部价款和价外费用数额。

（八）第 6 栏"本期扣除额"：填写本附列资料第 3 栏"本期扣除额"的数据。

第 6 栏"本期扣除额"=第 3 栏"本期扣除额"。

（九）第 7 栏"含税销售额"：填写适用 3% 征收率的应税行为的含税销售额。

第 7 栏"含税销售额"=第 5 栏"全部含税收入（适用 3% 征收率）"-第 6 栏"本期扣除额"。

（十）第 8 栏"不含税销售额"：填写适用 3% 征收率的应税行为的不含税销售额。

第 8 栏"不含税销售额"=第 7 栏"含税销售额"÷1.03，与《增值税纳税申报表（小规模纳税人适用）》第 1 栏"应征增值税不含税销售额（3% 征收率）""本期数""服务、不动产和无形资产"栏数据一致。

（十一）第 9 栏"期初余额"：填写适用 5% 征收率的应税行为扣除项目上期期末结存的金额，试点实施之日的税款所属期填写"0"。

（十二）第 10 栏"本期发生额"：填写本期取得的按税法规定准予扣除的适用 5% 征收率的应税行为扣除项目金额。

（十三）第 11 栏"本期扣除额"：填写适用 5% 征收率的应税行为扣除项目本期实际扣除的金额。

第11栏"本期扣除额"≤第9栏"期初余额"+第10栏"本期发生额"之和,且第11栏"本期扣除额"≤第13栏"全部含税收入(适用5%征收率)"。

(十四)第12栏"期末余额":填写适用5%征收率的应税行为扣除项目本期期末结存的金额。

(十五)第13栏"全部含税收入(适用5%征收率)":填写纳税人适用5%征收率的应税行为取得的全部价款和价外费用数额。

(十六)第14栏"本期扣除额":填写本附列资料第11栏"本期扣除额"的数据。

第14栏"本期扣除额"=第11栏"本期扣除额"。

(十七)第15栏"含税销售额":填写适用5%征收率的应税行为的含税销售额。

第15栏"含税销售额"=第13栏"全部含税收入(适用5%征收率)"-第14栏"本期扣除额"。

(十八)第16栏"不含税销售额":填写适用5%征收率的应税行为的不含税销售额。

第16栏"不含税销售额"=第15栏"含税销售额"÷1.05,与《增值税纳税申报表(小规模纳税人适用)》第4栏"应征增值税不含税销售额(5%征收率)""本期数""服务、不动产和无形资产"栏数据一致。

项目三

营业税改征增值税实训

一、基本技能实训

(一)单项选择题

1.自( )起,在全国范围内全面推开营业税改征增值税(以下称"营改增")试点。

A.2016 年 5 月 1 日   B.2013 年 8 月 1 日

C.2014 年 8 月 1 日   D.2015 年 5 月 1 日

2.提供有形动产租赁服务,税率为( )。

A.11％   B.17％   C.6％   D.3％

3.纳税人以一个月为一期缴纳增值税的,自期满之日起( )申报纳税。

A.5 日内   B.7 日内   C.10 日内   D.15 日内

4.银行、财务公司、信托投资公司、信用社、外国企业常驻代表机构的纳税期限为( )。

A.10 天   B.15 天   C.1 个月   D.1 个季度

5.属于 2016 年"营改增"的有( )。

A.交通运输服务业   B.现代服务业

C.金融服务业   D.电信服务业

6.下列各项金融业务的销售额,表述正确的是( )。

A.一般贷款业务的利差收入

B.转让股票的为卖出股票的全部收入

C.转让股票的按照卖出价扣除买入价后的余额为销售额

D.提供融资租赁服务以取得的全部价款和价外费用为销售额

7.下列各项当中,不准从营业额当中减除的是( )。

A.贷款业务的利息支出

B.房地产开发企业支付的土地价款

C.客运场站支付给承运方运费

D.提供旅游服务支付给其他接团方的旅游费用

8.小规模纳税人销售其自建的不动产,应以取得的全部价款和价外费用为销售额,按照(   )的征收率计算应纳税额。

A.3%　　　　　　B.6%　　　　　　C.2%　　　　　　D.5%

9.一般纳税人提供管道运输服务,对其增值税实际税负超过(   )的部分实行增值税即征即退政策。

A.6%　　　　　　B.5%　　　　　　C.4%　　　　　　D.3%

10.单位将不动产无偿赠与他人,视同销售不动产,其纳税义务发生时间是(   )。

A.将不动产交付对方使用的当天　　B.不动产所有权转移的当天

C.签订不动产赠与合同的当天　　D.承受不动产人缴纳契税的当天

（二）多项选择题

1.下列不征收增值税项目有(   )。

A.存款利息

B.被保险人获得的保险赔付

C.销售房地产

D.物业管理单位代收的住宅专项维修资金

2.一般纳税人发生下列应税行为可以选择适用简易计税方法计税的有(   )

A.公共交通运输服务　　　　B.装卸搬运服务

C.仓储服务　　　　　　D.文化体育服务

3.下列属于娱乐业的有(   )。

A.歌厅　　　　　　B.舞厅

C.热气球游艺场　　　　D.保龄球

4.适用11%增值税税率的有(   )。

A.提供交通运输　　　　B.金融业

C.建筑业　　　　　　D.基础电信业

5.下列项目的进项税额不得从销项税额中抵扣的有(   )。

A.简易计税方法计税项目　　B.纳税人的交际应酬消费

C.非正常损失的不动产　　D.购进的旅客运输服务

6.以1个季度为纳税期限缴纳增值税的有(   )。

A.小规模纳税人　　　　B.供电公司

C.银行　　　　　　D.财务公司

7.下列不得开具增值税专用发票的有(   )。

A.向消费者个人提供旅游服务　　B.销售免征增值税货物

C.向一般纳税人销售不动产　　D.向消费者个人销售不动产

8.下列各项中,属于增值税征收范围的有(   )。

A.单位向个人有偿转让土地使用权　　B.单位向个人有偿销售不动产

C.单位向个人无偿转让无形资产　　D.个人向单位无偿转让不动产

9.下列属于混合销售的行为有(　　　)。

A.娱乐城提供娱乐的同时销售酒水　　B.企业生产销售首日封

C.电梯厂销售电梯并负责安装　　　　D.建筑公司包工包料承建某项工程

10.下列各项中,属于生活服务业的有(　　　)。

A.代理业　　　　B.旅店业　　　　C.旅游业　　　　D.快递业

(三)判断题

1.金融机构把单位或者个人的存款贷给他人使用,以贷款利息减去存款利息后的余额为营业额计征增值税。　　　　　　　　　　　　　　　　　　　　　　(　　)

2.小规模纳税人发生应税行为,购买方索取增值税专用发票的,可以向主管税务机关申请代开。　　　　　　　　　　　　　　　　　　　　　　　　　　　　　(　　)

3.增值税起征点适用于登记为一般纳税人的个体工商户。　　　　　　　(　　)

4.航天运输服务适用增值税零税率。　　　　　　　　　　　　　　　　(　　)

5.房地产开发企业采取预收款方式销售所开发的房地产项目,在收到预收款时按照5%的预征率预缴增值税。　　　　　　　　　　　　　　　　　　　　　　(　　)

6.为出口货物提供的邮政服务征增值税。　　　　　　　　　　　　　　(　　)

7.纳税人一律按其营业收入额乘以适用的税率来计算应交的增值税。　　(　　)

8.按照国家有关规定应取得相关资质的国际运输服务项目,纳税人取得相关资质的,适用增值税零税率政策。　　　　　　　　　　　　　　　　　　　　　　(　　)

9.小规模纳税人出租其取得的不动产,应按照5%的征收率计算应纳税额。　(　　)

10.个人出租住房,应按照5%的征收率计算应纳税额。　　　　　　　　(　　)

二、业务技能实训

1.宏利集团公司基本情况:

企业性质:私营企业,增值税一般纳税人;

企业地址及电话:潍坊市北海路35号;

国税登记号:370702000000213。

宏利集团2016年10月发生如下业务:

(1)公司旅游部组团到外省旅游,收取黄河工厂团体旅游费76.8万元,开具普通发票,代顾客支付费用共计45万元,其中有40万元通过银行转账支付,剩余部分用现金支付,均取得普通发票。

(2)接待一大型会议,会期12天,会议期间取得住宿费收入50万元、餐费收入25万元、会议室租金收入10万元,开具增值税发票,增值税5.1万元,收到转账支票存入银行。

(3)公司歌舞厅本月累计取得收入12.72万元,开具普通发票。

(4)该公司当月取得增值税专用发票,符合抵扣条件的增值税5万元。

2.要求:计算当月应缴纳增值税,并进行账务处理

项目四

消费税纳税实训

一、基本技能实训

(一)单项选择题

1.以下不征收消费税的项目是(　　)。

A.高尔夫球　　　　　　　　　　　　B.高尔夫球袋

C.高尔夫球杆握把　　　　　　　　　D.高尔夫车

2.消费税中的"中华人民共和国境内",是指生产、委托加工和进口属于应当征收消费税的消费品的(　　)在境内。

A.生产地　　　　　　　　　　　　　B.使用地

C.起运地或所在地　　　　　　　　　D.销售地

3.下列应征收消费税的是(　　)。

A.拖拉机专用轮胎　　　　　　　　　B.电池

C.子午线轮胎　　　　　　　　　　　D.翻新轮胎

4.以下应税消费品中,适用单一定额税率的是(　　)。

A.粮食白酒　　　　B.酒精　　　　C.化妆品　　　　D.啤酒

5.下列情况应征消费税的是(　　)。

A.药厂外购已税酒精配制成含酒精药膏后销售

B.商业企业外购已税珠宝玉石加工成金银首饰后销售

C.收回后的委托加工实木地板用于职工福利

D.收回后的委托加工粮食白酒直接销售

6.下列商品售价中,与计算消费税的价格直接相关的是(　　)。

A.卡车出厂价　　　　　　　　　　　B.戏剧卸妆油出厂价

C.钻石饰品的出厂价　　　　　　　　D.高尔夫球袋的出厂价

50

7.下列应视同销售缴纳消费税的情况是(　　　)。

A.将外购已税消费品继续加工成应税消费品

B.将委托加工收回的应税消费品继续加工成应税消费品

C.自制应税消费品继续加工成应税消费品

D.自制应税消费品用于向外单位投资

8.下列关于委托加工应税消费品的说法正确的是(　　　)。

A.委托方缴纳消费税,受托方缴纳营业税

B.委托方不缴税,受托方缴纳消费税和营业税

C.受托方代收代缴委托方的消费税,受托方缴纳增值税

D.委托方不缴税,受托方缴纳增值税和消费税

9.下列外购产品中已缴纳的消费税,可以从本企业应纳消费税额中扣除的是(　　　)。

A.从商业企业外购已税化妆品生产的化妆品

B.从工业企业购进已税白酒为原料生产的勾兑白酒

C.从工业企业购进已税溶剂油为原料生产的溶剂油

D.从工业企业购进已税高尔夫球杆握把为原料生产的高尔夫球杆

10.某小轿车生产企业为增值税一般纳税人,8月生产并销售小汽车300辆,每辆含税销售价格17.55万元,适用消费税税率9%。该企业8月份应缴纳消费税(　　　)。

A.243万元　　　　　B.283.5万元　　　　　C.364.5万元　　　　　D.405万元

(二)多项选择题

1.以下属于消费税的征收范围的有(　　　)。

A.生产应税消费品　　　　　　　　B.委托加工应税消费品

C.批发啤酒　　　　　　　　　　　D.零售金银首饰

2.下列环节既征消费税又征增值税的有(　　　)。

A.卷烟的零售环节　　　　　　　　B.白酒的批发环节

C.金银首饰的零售环节　　　　　　D.化妆品的进口环节

3.采用从量定额征收消费税的项目有(　　　)。

A.黄酒　　　　　　　　　　　　　B.葡萄酒

C.柴油　　　　　　　　　　　　　D.烟丝

4.下列属于应征消费税的项目有(　　　)。

A.12 000元一只的手表　　　　　　B.运动会用帆船

C.胭脂　　　　　　　　　　　　　D.戏剧舞台化妆油彩

5.在零售环节缴纳消费税的应税消费品有(　　　)。

A.翡翠手镯　　　　　　　　　　　B.钻石胸针

C.镀金项链　　　　　　　　　　　D.18K金镶嵌翡翠耳钉

6.下列情况中应征消费税的有(　　　)。

A.将自产应税消费品发给职工使用

B.出厂前进行化学检验的化妆品

C.作为展销样品的化妆品

D.用于广告的化妆品

7.下列在移送环节应缴纳消费税的有( )。

A.酒厂将自产酒精移送勾兑低度酒

B.小轿车厂将自产轿车赠送给拉力赛

C.制药厂将自产酒精移送生产药膏

D.烟厂将自制卷烟发给职工

8.下列不能按生产领用量扣除外购应税消费品已纳消费税税款的有( )。

A.从工业企业外购已税烟丝生产的卷烟

B.从商业企业购进已税实木地板为原料生产的实木地板

C.从工业企业外购已税珠宝制造成的18K黄金镶嵌戒指

D.从工业企业外购已税石脑油生产的应税消费品

9.下列各项中,应当征收消费税的有( )。

A.化妆品厂作为样品赠送给客户的香水

B.用于产品质量检验耗费的高尔夫球杆

C.白酒生产企业向百货公司销售的白酒

D.轮胎厂移送非独立核算门市部待销售的汽车轮胎

10.下列各项中,符合应税消费品销售数量规定的有( )。

A.生产销售应税消费品的,为应税消费品的销售数量

B.自产自用应税消费品的,为应税消费品的生产数量

C.委托加工应税消费品的,为纳税人收回的应税消费品数量

D.进口应税消费品的,为海关核定的应税消费品进口数量

11.生产企业销售应税消费品计提应交消费税时,以下处理正确的有( )。

A.借记"营业税金及附加"账户

B.贷记"应交税费——应交消费税"账户

C.贷记"营业税金及附加"账户

D.借记"应交税费——应交消费税"账户

12.委托加工应税消费品,计入"委托加工物资"账户的有( )。

A.支付的收回后用于连续生产应税消费品的消费税

B.支付加工费

C.收回后直接对外销售的应税消费品缴纳的消费税

D.收回后以高于受托方的计税价格出售并已纳的消费税

13.进口的应税消费品缴纳的消费税应计入进口应税消费品的成本,可能计入的账户有( )。

A.固定资产   B.应交税费

C.材料采购   D.库存商品

14.纳税人将其生产经营的应税消费品用于职工福利、奖励等方面应做的账务处理
（　　　）。

A.借：应付职工薪酬
　　贷：主营业务收入
　　　　应交税费——应交增值税（销项税额）
B.借：营业税金及附加
　　贷：应交税费——应交消费税
C.借：应付职工薪酬
　　贷：库存商品
D.借：主营业务成本
　　贷：库存商品

（三）判断题

1.电动车、沙滩车、雪地车、卡丁车、高尔夫车不属于消费税征税范围，不征收消费税。
（　　　）

2.鞭炮厂销售鞭炮应征收消费税不征增值税。（　　　）

3.零售环节征收消费税的金银首饰不能扣除外购、委托加工收回的珠宝玉石已纳的消费税税款。（　　　）

4.纳税人自产自用的应税消费品用于连续生产应税消费品的不纳税；用于生产非应税消费品的，于移送使用时纳税。（　　　）

5.用于抵偿债务的小轿车，应按同类商品的平均售价作为计税依据计算消费税。
（　　　）

6.委托加工的应税消费品受托方交货时已代收代缴消费税，委托方收回后直接销售的，应征收消费税同时抵扣已被代收代缴的消费税。（　　　）

7.电动汽车应征收消费税。（　　　）

8.消费税的征税范围中，只有卷烟、白酒采用从价定率和从量定额相结合的复合计税方法。（　　　）

9.某酒厂生产白酒和药酒并将两类酒包装在一起按礼品套酒销售，该厂对销售的两类酒分别核算了销售额，按适用税率计征消费税。（　　　）

10.对酒类产品生产企业销售酒类产品（黄酒、啤酒除外）而收取的包装物押金，无论押金是否返还及会计上如何核算，均需并入酒类产品销售额中，依酒类产品的适用税率征收消费税。（　　　）

二、业务技能实训

（一）酒类消费税纳税申报实训

某酒业公司为增值税一般纳税人，假设增值税专用发票均认证。纳税人识别号：3707024407813000508。主要是生产销售白酒，期初未缴税额为0，本期没有预缴税额。

2016年9月对外销售粮食白酒情况如下：

1.对外销售粮食白酒12 000千克，取得收入100 000元，价外收取包装运输费10 000元，取得的价款和价外费用均不含增值税，货款已收妥存入银行，该白酒的制造成本为60 000元。

2.对外销售薯类白酒200箱，每箱净重20千克，取得不含税销售收入40 000元，收取包装物押金1 000元，押金单独记账，货款及押金均收到。该白酒每箱制造成本为120元。

要求：

(1)计算该公司当月应纳的消费税。

(2)2016年10月10日进行纳税申报并填写酒类应税消费品消费税纳税申报表。

(3)对上述相关涉税业务进行账务处理。

酒类应税消费品消费税纳税申报表

税款所属期： 年 月 日至 年 月 日

纳税人名称(公章)： 　　　纳税人识别号：□□□□□□□□□□□□□□□

填表日期： 年 月 日 　　　　　　　　　　　金额单位:元(列至角分)

项目 应税消费 品名称	适用税率		销售数量	销售额	应纳税额
	定额税率	比例税率			
粮食白酒	0.5元/斤	20%			
薯类白酒	0.5元/斤	20%			
啤酒	250元/吨	—			
啤酒	220元/吨	—			
黄酒	240元/吨	—			
其他酒	—	10%			
合计	—	—	—	—	—

本期准予抵减税额：	**声明** 此纳税申报表是根据国家税收法律的规定填报的，我确定它是真实的、可靠的、完整的。
本期减(免)税额：	
期初未缴税额：	经办人(签章)： 财务负责人(签章)： 联系电话：
本期缴纳前期应纳税额：	(如果你已委托代理人申报，请填写) **授权声明** 为代理一切税务事宜，现授权
本期预缴税额：	(地址)　　　为本纳税人的代理申报人，任何与本申报表有关的
本期应补(退)税额：	往来文件，都可寄予此人。
期末未缴税额：	授权人签章：

以下由税务机关填写

受理人(签章)： 受理日期： 年 月 日 受理税务机关(章)：

填表说明：

一、本表仅限酒类应税消费品消费税纳税人使用。

二、本表"税款所属期"是指纳税人申报的消费税应纳税额的所属时间，应填写具体的起止年、月、日。

三、本表"纳税人识别号"栏，填写纳税人的税务登记证号码。

四、本表"纳税人名称"栏，填写纳税人单位名称全称。

五、本表"销售数量"为《中华人民共和国消费税暂行条例》、《中华人民共和国消费税暂行条例实施细则》及其他法规、规章规定的当期应申报缴纳消费税的酒类应税消费品销售(不含出口免税)数量。计量单位:粮食白酒和薯类白酒为斤(如果实际销售商品按照体积标注计量单位,应按 500 毫升为 1 斤换算),啤酒、黄酒和其他酒为吨。

六、本表"销售额"为《中华人民共和国消费税暂行条例》、《中华人民共和国消费税暂行条例实施细则》及其他法规、规章规定的当期应申报缴纳消费税的酒类应税消费品销售(不含出口免税)收入。

七、根据《中华人民共和国消费税暂行条例》和《财政部 国家税务总局关于调整酒类产品消费税政策的通知》(财税〔2001〕84 号)的规定,本表"应纳税额"计算公式如下:

(一)粮食白酒、薯类白酒

应纳税额＝销售数量×定额税率＋销售额×比例税率

(二)啤酒、黄酒

应纳税额＝销售数量×定额税率

(三)其他酒

应纳税额＝销售额×比例税率

八、本表"本期准予抵减税额"填写按税收法规规定的本期准予抵减的消费税应纳税额。其准予抵减的消费税应纳税额情况,需填报本表附 1《本期准予抵减税额计算表》予以反映。

"本期准予抵减税额"栏数值与本表附 1《本期准予抵减税额计算表》"本期准予抵减税款合计"栏数值一致。

九、本表"本期减(免)税额"不含出口退(免)税额。

十、本表"期初未缴税额"栏,填写本期期初累计应缴未缴的消费税额,多缴为负数。其数值等于上期申报表"期末未缴税额"栏数值。

十一、本表"本期缴纳前期应纳税额"填写本期实际缴纳入库的前期应缴未缴消费税额。

十二、本表"本期预缴税额"填写纳税申报前纳税人已预先缴纳入库的本期消费税额。

十三、本表"本期应补(退)税额"填写纳税人本期应纳税额中应补缴或应退回的数额,计算公式如下,多缴为负数:

本期应补(退)税额＝应纳税额(合计栏金额)－本期准予抵减税额－本期减(免)税额－本期预缴税额

十四、本表"期末未缴税额"填写纳税人本期期末应缴未缴的消费税额,计算公式如下,多缴为负数:

期末未缴税额＝期初未缴税额＋本期应补(退)税额－本期缴纳前期应纳税额

十五、本表为 A4 竖式,所有数字小数点后保留两位。一式两份,一份纳税人留存,一份税务机关留存。

(二)小汽车消费税纳税申报实训

某汽车有限公司为增值税一般纳税人,假设增值税专用发票均认证。具有进出口经营权。纳税人识别号为:370702440781300079 8,消费税期初未缴税额为 100 000 元,本期没有预缴税额。2016 年 9 月发生如下业务:

1.从国外购进一批小汽车,到岸价为 2 000 000 元,关税税率为 50%,增值税税率为 17%,消费税税率为 3%,款项通过银行转账支付。

2.销售气缸容量为 1.8 升的小轿车 50 辆,取得不含税收入 5 000 000 元,增值税 850 000 元。该批小轿车的成本为 3 000 000 元,消费税税率为 5%,款项收到存入银行。

3.将自产的 10 辆气缸容量为 1.6 升的小轿车向市出租汽车公司投资,小轿车每辆不含税售价最高为 130 000 元,加权平均售价为 120 000 元,每辆制造成本为 70 000 元,消费税税率为 5%。对外开具增值税专用发票,内列价款 1 200 000 元,增值税税款 204 000 元。

4.以自产的气缸容量为 1.8 升,每辆制造成本为 80 000 元的 5 辆小轿车换取汽车生产零部件,每辆正常市场不含税售价为 150 000 元,消费税税率为 5%。对外开具了增值税专用发票,内列价款 750 000 元,增值税税款 127 500 元,没收到对方的增值税专用发票。

要求:

(1)计算该公司当月应纳的消费税。

(2)2016 年 10 月 10 日填报小汽车消费税纳税申报表。

(3)对上述相关涉税业务进行账务处理。

小汽车消费税纳税申报表

税款所属期: 年 月 日至 年 月 日

纳税人名称(公章): 纳税人识别号:☐☐☐☐☐☐☐☐☐☐☐☐☐☐☐

填表日期: 年 月 日

单位:辆、元(列至角分)

应税消费品名称 \ 项目	适用税率	销售数量	销售额	应纳税额
乘用车 气缸容量≤1.0 升	1%			
1.0 升<气缸容量≤1.5 升	3%			
1.5 升<气缸容量≤2.0 升	5%			
2.0 升<气缸容量≤2.5 升	9%			
2.5 升<气缸容量≤3.0 升	12%			
3.0 升<气缸容量≤4.0 升	25%			
气缸容量>4.0 升	40%			
中轻型商用客车	5%			
合计	—	—	—	

	声明
本期准予抵减税额:	此纳税申报表是根据国家税收法律的规定填报的,我确定它是真实的、可靠的、完整的。
本期减(免)税额:	
期初未缴税额:	经办人(签章): 财务负责人(签章): 联系电话:
本期缴纳前期应纳税额:	(如果你已委托代理人申报,请填写) 授权声明
本期预缴税额:	为代理一切税务事宜,现授权 (地址) 为本纳税人的代理申报人,任何与本申报表有关的往来文件,都可寄予此人。
本期应补(退)税额:	
期末未缴税额:	授权人签章:

以下由税务机关填写

受理人(签章): 受理日期: 年 月 日 受理税务机关(章):

填表说明：

一、本表仅限小汽车消费税纳税人使用。

二、纳税人生产的改装、改制车辆,应按照《财政部 国家税务总局关于调整和完善消费税政策的通知》(财税[2006]33号)中规定的适用税目、税率填写本表。

三、本表"销售数量"为《中华人民共和国消费税暂行条例》《中华人民共和国消费税暂行条例实施细则》及其他法规、规章规定的当期应申报缴纳消费税的小汽车类应税消费品销售(不含出口免税)数量。

四、本表"销售额"为《中华人民共和国消费税暂行条例》《中华人民共和国消费税暂行条例实施细则》及其他法规、规章规定的当期应申报缴纳消费税的小汽车类应税消费品销售(不含出口免税)收入。

五、根据《中华人民共和国消费税暂行条例》的规定,本表"应纳税额"计算公式如下:

应纳税额＝销售额×比例税率

六、本表"本期减(免)税额"不含出口退(免)税额。

七、本表"期初未缴税额"填写本期期初累计应缴未缴的消费税额,多缴为负数。其数值等于上期"期末未缴税额"。

八、本表"本期缴纳前期应纳税额"填写本期实际缴纳入库的前期消费税额。

九、本表"本期预缴税额"填写纳税申报前已预先缴纳入库的本期消费税额。

十、本表"本期应补(退)税额"计算公式如下,多缴为负数:

本期应补(退)税额＝应纳税额(合计栏金额)－本期减(免)税额－本期预缴税额

十一、本表"期末未缴税额"计算公式如下,多缴为负数:

期末未缴税额＝期初未缴税额＋本期应补(退)税额－本期缴纳前期应纳税额

十二、本表为A4竖式,所有数字小数点后保留两位。一式二份,一份纳税人留存,一份税务机关留存。

(三)烟类应税消费品消费税纳税申报实训

甲卷烟厂为增值税一般纳税人,主营卷烟生产销售业务,假设增值税专用发票均认证,所有款项均通过银行转账支付,消费税按组成计税价格计算。2016年9月发生以下业务:

1.委托乙卷烟厂(增值税一般纳税人)加工烟丝,甲卷烟厂提供原材料20 000元,加工费2 500元(收到增值税专用发票),烟丝消费税税率为30%,烟丝收回后继续加工卷烟。

2.委托丙企业生产无牌号卷烟20箱(单位税额150元/箱,比例税率56%),甲企业向农业生产者收购烟叶,支付收购价款400 000元,另支付价外补贴40 000元、烟叶税88 000元,并将该烟叶运送至丙企业委托其加工卷烟,同时支付铁路运费20 000元(收到增值税专用发票),丙企业收取加工费和辅料费含税金额50 000元,开具普通发票,甲企业收回卷烟后直接对外销售,本月销售卷烟10箱,每箱不含税金额300 000元。

要求:

(1)计算甲、乙、丙应纳增值税、消费税,并进行账务处理。

(2)2016年10月10日填制甲卷烟厂的烟类应税消费品消费税纳税申报表及本期准予扣除税额计算表。

烟类应税消费品消费税纳税申报表

税款所属期：　年　月　日至　年　月　日

纳税人名称(公章)：　　　　　　　纳税人识别号：□□□□□□□□□□□□□□□

填表日期：　年　月　日　单位：卷烟万支、雪茄烟支、烟丝千克；金额单位：元(列至角分)

项目 应税消费品名称	适用税率		销售数量	销售额	应纳税额
	定额税率	比例税率			
卷烟	30元/万支	56％			
卷烟	30元/万支	36％			
雪茄烟	—	36％			
烟丝	—	30％			
合计	—	—			

本期准予抵减税额：	**声明** 　此纳税申报表是根据国家税收法律的规定填报的，我确定它是真实的、可靠的、完整的。
本期减(免)税额：	
	经办人(签章)： 　财务负责人(签章)： 　联系电话：
期初未缴税额：	
本期缴纳前期应纳税额：	
	(如果你已委托代理人申报，请填写) 　授权声明 　为代理一切税务事宜，现授权____(地址)____为本纳税人的代理申报人，任何与本申报表有关的往来文件，都可寄于此人。 　授权人签章：
本期预缴税额：	
本期应补(退)税额：	
期末未缴税额：	

以下由税务机关填写

受理人(签章)：　　　　　　受理日期：　年　月　日　　　　　受理税务机关(章)：

填表说明：

一、本表仅限烟类消费税纳税人使用。

二、本表"销售数量"为《中华人民共和国消费税暂行条例》《中华人民共和国消费税暂行条例实施细则》及其他法规、规章规定的当期应申报缴纳消费税的烟类应税消费品销售(不含出口免税)数量。

三、本表"销售额"为《中华人民共和国消费税暂行条例》《中华人民共和国消费税暂行条例实施细则》及其他法规、规章规定的当期应申报缴纳消费税的烟类应税消费品销售(不含出口免税)收入。

四、根据《中华人民共和国消费税暂行条例》和《财政部 国家税务总局关于调整烟类产品消费税政策的通知》(财税[2001]91号)的规定，本表"应纳税额"计算公式如下：

(一)卷烟

应纳税额＝销售数量×定额税率＋销售额×比例税率

(二)雪茄烟、烟丝

应纳税额＝销售额×比例税率

五、本表"本期准予抵减税额"按本表附件一的本期准予扣除税款合计金额填写。

六、本表"本期减(免)税额"不含出口退(免)税额。

七、本表"期初未缴税额"填写本期期初累计应缴未缴的消费税额,多缴为负数。其数值等于上期"期末未缴税额"。

八、本表"本期缴纳前期应纳税额"填写本期实际缴纳入库的前期消费税额。

九、本表"本期预缴税额"填写纳税申报前已预先缴纳入库的本期消费税额。

十、本表"本期应补(退)税额"计算公式如下,多缴为负数:

本期应补(退)税额＝应纳税额(合计栏金额)－本期准予抵减税额－本期减(免)税额－本期预缴税额

十一、本表"期末未缴税额"计算公式如下,多缴为负数:

期末未缴税额＝期初未缴税额＋本期应补(退)税额－本期缴纳前期应纳税额

十二、本表为A4竖式,所有数字小数点后保留两位。一式二份,一份纳税人留存,一份税务机关留存。

本期准予扣除税额计算表

税款所属期: 年 月 日至 年 月 日

纳税人名称(公章): 纳税人识别号:□□□□□□□□□□□□□□□□□□□□

填表日期: 年 月 日 金额单位:元(列至角分)

一、当期准予扣除的委托加工烟丝已纳税款计算

1.期初库存委托加工烟丝已纳税款:

2.当期收回委托加工烟丝已纳税款:

3.期末库存委托加工烟丝已纳税款:

4.当期准予扣除的委托加工烟丝已纳税款:

二、当期准予扣除的外购烟丝已纳税款计算

1.期初库存外购烟丝买价:

2.当期购进烟丝买价:

3.期末库存外购烟丝买价:

4.当期准予扣除的外购烟丝已纳税款:

三、本期准予扣除税款合计:

填表说明:

一、本表作为《烟类应税消费品消费税纳税申报表》的附报资料,由外购或委托加工收回烟丝后连续生产卷烟的纳税人填报。

二、根据《国家税务总局关于用外购和委托加工收回的应税消费品连续生产应税消费品征收消费税问题的通知》（国税发〔1995〕94号）的规定，本表"当期准予扣除的委托加工烟丝已纳税款"计算公式如下：

当期准予扣除的委托加工烟丝已纳税款＝期初库存委托加工烟丝已纳税款＋当期收回委托加工烟丝已纳税款－期末库存委托加工烟丝已纳税款

三、根据《国家税务总局关于用外购和委托加工收回的应税消费品连续生产应税消费品征收消费税问题的通知》（国税发〔1995〕94号）的规定，本表"当期准予扣除的外购烟丝已纳税款"计算公式如下：

当期准予扣除的外购烟丝已纳税款＝（期初库存外购烟丝买价＋当期购进烟丝买价－期末库存外购烟丝买价）×外购烟丝适用税率（30％）

四、本表"本期准予扣除税款合计"为本期外购及委托加工收回烟丝后连续生产卷烟准予扣除烟丝已纳税款的合计数，应与《烟类应税消费品消费税纳税申报表》中对应项目一致。

五、本表为 A4 竖式，所有数字小数点后保留两位。一式二份，一份纳税人留存，一份税务机关留存。

5.按照关税的有关规定,进出口货物的收发货人或其代理人,可以自缴纳税款之日起1年内,书面声明理由,申请退还关税。下列各项中,经海关确定可申请退税的有(　　)。

A.因海关误征,多缴纳税款的

B.海关核准免验进口的货物,在完税后发现有短缺的

C.已征收出口关税的货物,因故未装运出口的

D.已征收出口关税的货物,因故发生退货的

6.《中华人民共和国海关进出口税则》规定的关税进口税率包括(　　)。

A.最惠国税率　　　　　　　　B.关税配额税率

C.特惠税率　　　　　　　　　D.协定税率

7.下列物品进出境时属于关税纳税对象的是(　　)。

A.贸易性商品　　　　　　　　B.个人邮寄物品

C.服务人员携带的应税行李物品　　D.馈赠物品

8.我国特别关税的种类包括(　　)。

A.报复性关税　　　　　　　　B.保障性关税

C.进口附加税　　　　　　　　D.反倾销关税和反补贴关税

9.我国关税税率计征方法有(　　)。

A.从价税　　　　B.从量税　　　　C.复合税　　　　D.滑准税

10.以下选项中,(　　)被包括在进口货物的完税价格中。

A.由买方负担的购货佣金以外的佣金和经纪费

B.由买方负担的在审查确定完税价格时与该货物视为一体的容器的费用

C.由买方负担的包装材料费用和包装劳务费用

D.进口货物运抵境内输入地点起卸后的运输及其相关费用、保险费

11.工业企业出口产品应缴纳的出口关税,支付时可能计入的账户有(　　)。

A.借记"营业税金及附加"　　　B.贷记"银行存款"

C.贷记"应交税费"　　　　　　D.借记"应交税费"

12.外贸代理进出口业务所计缴的关税,在会计核算上也是通过设置"应交税费"账户来反映的,其对应账户可以是(　　)。

A.营业税金及附加　　　B.银行存款　　　C.应付账款　　　D.应收账款

(三)判断题

1.出口货物的完税价格,是由海关以该货物向境外销售的成交价格为基础审查确定,包括货物运至我国境内输出地点装卸前的运输费、保险费,但不包括出口关税。(　　)

2.因故退还的国内出口货物,经海关审查属实,可予免征进口关税,已征收的出口关税准予退还。(　　)

3.以租赁方式进口的货物,应当以海关审定的货物的租金,作为完税价格,但对租赁期限超过5年的,则应以货物的到岸价格作为完税价格。(　　)

4.如果纳税义务人自海关填发缴款书之日起3个月仍未缴纳税款,经海关关长批准,海关可以采取强制扣缴、变价抵缴等强制措施。(　　)

5.运往境外加工的货物,出境时向海关报明,并在海关规定的期限内复运进境的,应当以加工后的货物进境时的到岸价格作为完税价格。(　　)

6.出口货物应以海关审定的成交价格为基础的离岸价格作为关税的完税价格。（　　）

7.我国对少数进口商品计征关税时所采用的滑准税实质上是一种特殊的从价税。（　　）

8.关税的征税对象是贸易性商品,不包括入境旅客携带的个人行李和物品。（　　）

9.进口人向境外卖方支付的佣金,构成关税完税价格;而进口人向境外采购代理人支付的买方佣金,不构成关税完税价格。（　　）

10.外国政府、国际组织、国际友人和港、澳、台同胞无偿赠送的物资,经海关审查无误,可以免税。（　　）

二、业务技能实训

(一)工业企业进出口货物纳税实训

某工业企业具有进出口经营权,假设所有款项均已通过银行收取和支付。开户行:中国工商银行黄岛支行,账号:20090718000456,2016 年 10 月发生以下进出口业务:

1.进口 A 材料需 USD(美元)100 000,当日的外汇牌价为 USD1＝RMB6.60。进口 A 材料,应付进口关税 40 000 元,材料已验收入库,代征增值税税率为 17%。

2.从香港进口某生产设备 2 台,成交价格 CFR(成本加运费)为 HKD(港币)1 000 000,保险费率为 0.3%,该设备的关税税率为 10%,代征增值税税率为 17%,当日的外汇牌价为 HKD1＝RMB0.80。

3.将生产一批产品自营出口,出口申报 FOB 离岸价为 USD200 000,交易当日外汇牌价 USD1＝RMB6.50。出口关税税率为 10%。

要求:

(1)计算进出口环节应缴纳的关税、增值税。

(2)根据上述业务进行账务处理。

(3)填制关税、增值税的海关专用税收缴款书。

海关代征增值税专用缴款书

收入系统:海关系统　　　　填发日期:　年　月　日　　　　　　NO.123455

收款单位	收入机关	中央金库		缴款单位(人)	名称	
	科目	代征增值税	预算级次		账号	
	收款国库				开户行	
税号	货物名称	数量	单位	完税价格(¥)	税率%	税款金额(¥)
金额大写(人民币):					合计(¥)	
申请单位编号		报关单编号		填制单位		收款国库(银行)
合同(批文)号		运输工具(号)		制单人		
缴款期限		提/装货单号		复核人		
注	一般征税国际代码			单证专用章		业务公章

从填发缴款书之日起限 15 日内缴纳(期末遇法定节假日顺延),逾期按日征收税款总额万分之五的滞纳金。

海关进(出)口关税专用缴款书

收入系统：海关系统　　　　填发日期：　年　月　日　　　　　　NO.123456

收款单位	收入机关		中央金库		缴款单位(人)	名称	
	科目		预算级次			账号	
	收款国库					开户行	

税号	货物名称	数量	单位	完税价格(¥)	税率%	税款金额(¥)

金额大写(人民币)：			合计(¥)	
申请单位编号		报关单编号	填制单位	收款国库(银行)
合同(批文)号		运输工具(号)	制单人	
缴款期限		提/装货单号	复核人	业务公章
注	一般征税国际代码		单证专用章	

从填发缴款书之日起限 15 日内缴纳(期末遇法定节假日顺延)，逾期按日征收税款总额万分之五的滞纳金。

(二)外贸企业进出口货物纳税实训

某外贸公司既自营出口又代理进出口业务，即不垫付货款，以收取手续费形式为委托方提供代理服务，由于进出口而计缴的关税均由委托单位负担，所有款项通过银行存款结算。

2016 年 10 月外贸公司发生以下业务：

1.代理某工厂出口一批商品，我国口岸 FOB 价折合人民币为 360 000 元，出口关税税率为 20%，手续费 10 800 元。

2.经有关部门批准从境外进口小汽车 20 辆，每辆货价 20 万元，运抵我国海关前的运输费、保险费为每辆 2 万元。公司向海关缴纳了相关税款，并取得了完税凭证。该公司委托运输公司将小汽车从海关运回本单位，支付运费 5 万元，取得了运输公司开具的普通发票。当月售出小汽车 16 辆，每辆含税销售价 58.5 万元。(小汽车关税税率为 20%，增值税税率为 17%，消费税税率为 5%)

要求：

(1)计算小汽车在进口环节应缴纳的关税、增值税和消费税。

(2)计算国内销售环节应缴纳的增值税。

(3)根据上述业务进行会计处理。

(4)填制关税、增值税的海关专用税收缴款书。

海关代征增值税专用缴款书

收入系统：海关系统　　　　　填发日期：　年　月　日　　　　　　　NO.123455

收款单位	收入机关	中央金库		缴款单位（人）	名称	
	科目	代征增值税	预算级次		账号	
	收款国库				开户行	

税号	货物名称	数量	单位	完税价格（￥）	税率％	税款金额（￥）

金额大写(人民币)：		合计（￥）	
申请单位编号		报关单编号	填制单位	收款国库（银行）
合同(批文)号		运输工具(号)	制单人	
缴款期限		提/装货单号	复核人	
注	一般征税国际代码		单证专用章	业务公章

从填发缴款书之日起限 15 日内缴纳(期末遇法定节假日顺延)，逾期按日征收税款总额万分之五的滞纳金。

海关进(出)口关税专用缴款书

收入系统：海关系统　　　　　填发日期：　年　月　日　　　　　　　NO.123456

收款单位	收入机关	中央金库		缴款单位（人）	名称	
	科目		预算级次		账号	
	收款国库				开户行	

税号	货物名称	数量	单位	完税价格（￥）	税率％	税款金额（￥）

金额大写(人民币)：		合计（￥）	
申请单位编号		报关单编号	填制单位	收款国库（银行）
合同(批文)号		运输工具(号)	制单人	
缴款期限		提/装货单号	复核人	
注	一般征税国际代码		单证专用章	业务公章

从填发缴款书之日起限 15 日内缴纳(期末遇法定节假日顺延)，逾期按日征收税款总额万分之五的滞纳金。

项目六

行为税及特定目的税纳税实训

一、基本技能实训

(一)单项选择题

1.某县城一企业 8 月份因进口半成品缴纳增值税 120 万元,销售产品缴纳增值税 280 万元。该企业本月应缴纳的城市维护建设税和教育费附加为(   )。

A.22.4 万元　　　　B.25.6 万元　　　　C.28.2 万元　　　　D.35.2 万元

2.某企业本年实收资本为 1 000 万元,资本公积为 600 万元。该企业上年资金账簿上已贴印花税 3 000 元。该企业本年应纳印花税为(   )。

A.0 元　　　　B.8 000 元　　　　C.2 500 元　　　　D.5 000 元

3.1 月,甲公司将闲置厂房出租给乙公司,合同约定每月租金 5 000 元,租期未定。签订合同时,预收租金 10 000 元,双方已按定额贴花。5 月底合同解除,甲公司收到乙公司补交租金 15 000 元。甲公司 5 月份应补缴印花税(   )。租金收入不含增值税。

A.20 元　　　　B.8 元　　　　C.9.5 元　　　　D.12.5 元

4.我国车辆购置税实行统一(   )。

A.定额税率　　　　　　　　B.比例税率

C.超额累进税率　　　　　　D.超率累进税率

5.某单位经批准从美国进口某种汽车两辆,到岸价格为人民币 50 000 元,缴纳进口关税 16 500 元,消费税税率 5%,应纳车辆购置税(   )。

A.8 000 元　　　　B.5 000 元　　　　C.6 650 元　　　　D.7 000 元

6.耕地占用税实行(   )。

A.定额税率　　　　B.比例税率　　　　C.超额累进税率　　　　D.超率累进税率

7.土地增值税的税率为(   )。

A.超率累进税率　　　　　　B.超额累进税率

C.比例税率   D.定额税率

8.房地产开发企业在确定土地增值税的扣除项目时,允许单独扣除的税金是(   )。

A.印花税   B.房产税、城市维护建设税

C.城市维护建设税   D.印花税、城市维护建设税

9.土地增值税的纳税人转让的房地产坐落在两个或两个以上地区的,应(   )主管税务机关申报纳税。

A.分别向房地产坐落地各方的   B.向事先选择房地产坐落地某一方的

C.向房地产坐落地的上一级   D.先向机构所在地,再向房地产坐落地

10.根据规定,纳税人应在转让房地产合同签订后的(   )内,到房地产所在地主管税务机关办理土地增值税纳税申报。

A.5 日   B.7 日   C.10 日   D.15 日

11.土地增值税按照纳税义务人转让房地产所(   )和规定的税率计算征收。

A.取得的收入   B.取得的增值额

C.支付的成本费用   D.取得的利润

12.纳税义务人建造普通标准住宅出售,增值额超过扣除项目金额 20%的,应就其(   ),按规定计算缴纳土地增值税。

A.超过部分的金额   B.扣除项目金额

C.全部增值额   D.出售金额

13.某房地产开发企业,计算应交土地增值税时,其贷记的账户是(   )。

A.营业税金及附加   B.管理费用

C.固定资产清理   D.应交税费——应交土地增值税

14.某非房地产业务的企业转让房地产,计算应交土地增值税时,应借记(   )账户。

A.“营业税金及附加”   B.“其他业务成本”

C.“固定资产清理”   D.“应交税费”

15.纳税人属于自然人的,当转让的房地产坐落地与其住所所在地一致时,应向其住所所在地税务机关申报纳税;不一致时,应(   )的税务机关申报纳税。

A.向其住所所在地

B.向其住所所在地或办理过户手续所在地

C.向其办理过户手续所在地

D.先向办理过户手续所在地再向住所地

(二)多项选择题

1.下列各项中,符合城市维护建设税计税依据规定的有(   )。

A.偷逃营业税而被查补的税款   B.偷逃消费税而加收的滞纳金

C.出口货物免抵的增值税税额   D.出口产品征收的消费税税额

2.下列各项中,说法正确的有(   )。

A.海关对进口产品代征的增值税、消费税,征收城市维护建设税

B.海关对进口产品代征的增值税、消费税,不征收城市维护建设税

C.出口产品退还增值税、消费税的,不退还已缴纳的城市维护建设税

D.出口产品退还增值税、消费税的,按50％退还已缴纳的城市维护建设税

3.下列属于印花税纳税人的有(　　)。

A.借款合同的担保人

B.发放商标注册证的国家商标局

C.在国外书立,在国内使用技术合同的单位

D.签订加工承揽合同的两家中外合资企业

4.印花税的税率为(　　)。

A.比例税率　　　　　　　　　　B.定额税率

C.复合税率　　　　　　　　　　D.固定税率

5.根据规定,纳税人应该缴纳印花税的合同有(　　)。

A.贴息贷款合同　　　　　　　　B.技术转让合同

C.借款合同　　　　　　　　　　D.财产租赁合同

6.下列各项中,免征或不征印花税的有(　　)。

A.合同的副本或者抄本作正本使用

B.财产所有人将财产赠给政府所立的书据

C.农牧业保险合同

D.未列明金额的购销合同

7.采用自行贴花方法缴纳印花税的,纳税人应(　　)。

A.自行申报应税行为　　　　　　B.自行计算应纳税额

C.自行购买印花税票　　　　　　D.自行一次贴足印花税票并注销

8.车辆购置税的征收范围包括(　　)。

A.汽车　　　　　B.摩托车　　　　　C.农用运输车　　　　　D.挂车

9.应缴耕地占用税税额的大小取决于下列因素(　　)。

A.实际占用的应税土地面积　　　B.适用税额

C.取得耕地的价款　　　　　　　D.占用耕地的时间

10.(　　)经批准征用的耕地,免征耕地占用税。

A.军事设施用地　　　　　　　　B.学校教学楼用地

C.敬老院用地　　　　　　　　　D.农村居民用于新建住宅用地

11.下列各项中属于土地增值税征税范围的有(　　)。

A.出让国有土地使用权　　　　　B.城市房地产的出租

C.转让国有土地使用权　　　　　D.城市企业房地产的交换

12.转让国有土地使用权、地上建筑及其附着物并取得收入的(　　),都是土地增值税的纳税义务人。

A.学校　　　　B.税务机关　　　　C.外籍个人　　　　D.国有企业

13.下列项目中,按税法规定可以免征土地增值税的有(　　)。

A.国家机关转让自用的房产

B.税务机关拍卖欠税单位的房产

C.对国有企业进行评估增值的房产

D.因为国家建设需要而被政府征用的房产

14.下列由地税局征收的税种有（　　）。

A.城市维护建设税　　　　　　　　B.印花税

C.车辆购置税　　　　　　　　　　D.土地增值税

15.下列不通过"应交税费"核算的税种有（　　）。

A.城市维护建设税　　　　　　　　B.印花税

C.耕地占用税　　　　　　　　　　D.土地增值税

（三）判断题

1.由受托方代收代缴消费税的,应代收代缴的城市维护建设税按委托方所在地的适应税率计算。（　　）

2.城市维护建设税是增值税、消费税、营业税的附加税,因此它本身没有独立的征税对象。（　　）

3.对应税凭证,凡由两方或两方以上当事人共同书立的,其当事人各方都是印花税的纳税人,应各就其所持凭证的计税金额履行纳税义务。（　　）

4.根据规定,书立应税合同应当贴花,但是,如果已按规定贴花的合同没有兑现,税务机关应将印花税退还给纳税人。（　　）

5.对于由委托方提供原材料的加工承揽合同,凡是合同中分别记载加工费金额和原材料金额的,应分别按"加工承揽合同"和"购销合同"计税贴花;若合同中未分别记载,则应就全部金额依照"加工承揽合同"计税贴花。（　　）

6.纳税人购买自用或者进口自用应税车辆,申报的计税价格低于同类型应税车辆的最低计税价格,又无正当理由的,按照同类型应税车辆的最低计税价格征收车辆购置税。（　　）

7.耕地占用税是按年计算、分次征收的。（　　）

8.耕地占用税以纳税人实际占用耕地面积为计税依据。（　　）

9.对于房地产的抵押,在抵押期间不征收土地增值税,但对于以房地产抵债而发生房地产权属转让的,则应征收土地增值税。（　　）

10.对于一方出地,一方出资金,双方合作建房,建成后按比例分房自用或转让的,均暂免征收土地增值税。（　　）

二、业务技能实训

（一）城市维护建设税纳税申报实训

某市区一企业2016年9月7日缴纳8月份的增值税50 000元,消费税20 000元,该企业不需要缴纳消费税。城市维护建设税税率为7%,教育费附加征收率为3%。

要求：

(1)计算该企业本月应纳城市维护建设税和教育费附加。

(2)进行账务处理并填制城市维护建设税纳税申报表。

城市维护建设税纳税申报表

填表日期：　年　月　日

纳税人识别号：□□□□□□□□□□□□□□□□□□　　金额单位:元(列至角分)

纳税人名称			税款所属时期		
计税依据	计税金额	税率	应纳税额	实纳税额	欠(退)税额
1	2	3	4=2×3	5	6=4-5
增值税					
消费税					
营业税					
合计					

如纳税人填报,由纳税人填写以下各栏			如委托代理人填报,由代理人填写以下各栏		备注
会计主管 (签章)	经办人 (签章)	纳税人 (签章)	代理人名称	代理人 (签章)	
			地址		
			经办人	电话	

以下由税务机关填写			
收到申报表日期		接收人	

填表说明：

一、"纳税人名称"栏,填写纳税人单位名称全称,并加盖公章,不得填写简称。

二、"税款所属时期"填写纳税人申报的城市维护建设税应纳税额的所属时间,应填写具体的起止年、月、日。

三、"填表日期"填写纳税人申报本表信息的具体日期。

四、"计税依据"填写纳税人本期实际缴纳的营业税、增值税、消费税,以及本期先征后返、即征即退和"免、抵、退"的营业税、增值税、消费税税额的合计数。

(二)印花税纳税申报实训

某企业 2016 年 9 月开业,领受房屋产权证、工商营业执照、组织机构代码证、土地使用证各一件;与其他企业订立转移专有技术使用权书据一份,所载金额为 80 万元;订立产品购销合同两份,所载金额共 140 万元;订立借款合同一份,所载金额为 40 万元。此外,企业的营业账簿中,"实收资本"账户载有资金 200 万元,其他账簿 5 本。以银行转账支票缴纳印花税。

要求:

(1)计算该企业本月应纳印花税。

(2)进行账务处理并填制印花税纳税申报表。

印花税纳税申报（报告）表

税款所属期限：自　年　月　日至　年　月　日

填表日期：　年　月　日　　　　　　　　　　　　　　　金额单位：元至角分

纳税人识别号：☐☐☐☐☐☐☐☐☐☐☐☐☐☐☐☐☐☐

纳税人信息	名称				√☐单位　　☐个人				
	登记注册类型			所属行业					
	身份证件类型			身份证件号码					
	联系方式								

应税凭证	计税金额或件数	核定征收		适用税率	本期应纳税额	本期已缴税额	本期减免税额		本期应补（退）税额
		核定依据	核定比例				减免性质代码	减免额	
	1	2	3	4	$5=1\times4+2\times3\times4$	6	7	8	$9=5-6-8$
购销合同				0.3‰					
加工承揽合同				0.5‰					
建设工程勘察设计合同				0.5‰					
建筑安装工程承包合同				0.3‰					
财产租赁合同				1‰					
货物运输合同				0.5‰					
仓储保管合同				1‰					
借款合同				0.05‰					
财产保险合同				1‰					
技术合同				0.3‰					
产权转移书据				0.5‰					

（续表）

营业账簿 （记载资金 的账簿）	—	0.5‰						
营业账簿 （其他 账簿）	—	5						
权利、许 可证照	—	5						
合计	—	—	—					

以下由纳税人填写：

纳税人 声明	此纳税申报表是根据《中华人民共和国印花税暂行条例》和国家有关税收规定填报的，是真实的、可靠的、完整的。		
纳税人 签章		代理人签章	代理人身份证号

以下由税务机关填写：

受理人		受理日期	年　月　日	受理税务机关签章

本表一式两份，一份纳税人留存，一份税务机关留存。

减免性质代码：减免性质代码按照税务机关最新制发的减免税政策代码表中的最细项减免性质代码填报。

填表说明：

一、该表既适用于印花税普通申报，又适用于采用"自行购花、自行粘贴、自行划销"方式完成纳税义务的纳税人向主管税务机关报告完税情况。

二、纳税人识别号是办理税务登记时由税务机关确定的税务登记号。

三、计税金额指征收印花税的应税凭证所对应的收入金额。如购销合同对应的销售收入；加工承揽合同对应加工承揽收入；建筑安装承包合同对应工程结算收入等。

（三）车辆购置税纳税申报实训

某公司 2016 年 9 月 10 日为会计科购买吉利汽车一辆，销售机动车发票上标明的价格为 39 500 元，发动机号为 00001 号，排气量为 1.0，车架号为 12345。以银行转账支票缴纳车辆购置税。

要求：

(1)计算应纳车辆购置税。

(2)进行账务处理并填写车辆购置税纳税申报表。

车辆购置税纳税申报表

填表日期：　年　月　日　　　　　　行业代码：　　　　　　　　注册类型代码：

纳税人名称：　　　　　　　　　　　　　　　　　　　　　　　金额单位:元

纳税人证件名称		证件号码	
联系电话		邮政编码	地址

<table>
<tr><td colspan="4" align="center">车辆基本情况</td></tr>
<tr><td>车辆类别</td><td colspan="3">1.汽车□;2.摩托车□;3.电车□;4.挂车□;5.农用运输车□。</td></tr>
<tr><td>生产企业名称</td><td></td><td>厂牌型号</td><td></td></tr>
<tr><td>车辆识别代号
(车架号码)</td><td></td><td>发动机号码</td><td></td></tr>
</table>

<table>
<tr><td colspan="5" align="center">车辆购置信息</td></tr>
<tr><td>机动车销售统一
发票(或有效
凭证)号码</td><td></td><td>机动车销售统
一发票(或有
效凭证)价格</td><td>价外费用</td><td></td></tr>
<tr><td>关税完税价格</td><td></td><td>关税</td><td>消费税</td><td></td></tr>
<tr><td>购置日期</td><td colspan="2"></td><td colspan="2">免(减)税条件</td></tr>
<tr><td>申报计税价格</td><td>计税价格</td><td>税率</td><td>应纳税额</td><td>免(减)税额</td><td>实纳税额</td></tr>
<tr><td></td><td></td><td>10%</td><td></td><td></td><td></td></tr>
</table>

申报人声明	授权声明
此纳税申报表是根据《中华人民共和国车辆购置税暂行条例》《车辆购置税征收管理办法》的规定填报的,是真实、可靠、完整的。 声明人(签名或盖章):	如果您已委托代理人办理申报,请填写以下资料: 　为代理车辆购置税涉税事宜,现授权(　　　)为本纳税人的代理申报人,任何与本申报表有关的往来文件,都可交予此人。 授权人(签名或盖章):

<table>
<tr><td rowspan="5">纳税人签名或盖章</td><td colspan="2" align="center">如委托代理人的,代理人应填写以下各栏</td><td rowspan="5">代理人
(签名或盖章)</td></tr>
<tr><td>代理人名称</td><td></td></tr>
<tr><td>经办人</td><td></td></tr>
<tr><td>经办人证件名称</td><td></td></tr>
<tr><td>经办人证件号码</td><td></td></tr>
</table>

接收人：
接收日期：　　　　　　　　　　主管税务机关(章)：

备注：

填表说明：

　1.本表由车辆购置税纳税人(或代理申报人)在办理纳税申报时填写。本表可由车辆购置税征收管理系统打印,交纳税人签章确认。

2."纳税人名称",填写纳税人名称。

3."纳税人证件名称"栏,单位纳税人填写《组织机构代码证》或《税务登记证》;个人纳税人填写《居民身份证》或其他身份证明名称。

4."证件号码"栏,填写《组织机构代码证》或《税务登记证》《居民身份证》或其他身份证件的号码。

5."车辆类别"栏,在表中所列项目中划√。

6."生产企业名称"栏,国产车辆填写国内生产企业名称,进口车辆填写国外生产企业名称。

7."厂牌型号"、"发动机号码"、"车辆识别代号(车架号码)"栏,分别填写车辆整车出厂合格证或《中华人民共和国海关货物进口证明书》或《中华人民共和国海关监管车辆进(出)境领(销)牌照通知书》或《没收走私汽车、摩托车证明书》中注明的车辆品牌和车辆型号、发动机号码、车辆识别代号(VIN,车架号码)。

8."机动车销售统一发票(或有效凭证)号码"栏,填写机动车销售统一发票(或有效凭证)上注明的号码。

9."机动车销售统一发票(或有效凭证)价格"栏,填写机动车销售统一发票(或有效凭证)上注明的含税价金额。

10."价外费用"填写销售方价外向购买方收取的基金、集资费、违约金(延期付款利息)和手续费、包装费、储存费、优质费、运输装卸费、保管费以及其他各种性质的价外收费,但不包括销售方代办保险等而向购买方收取的保险费,以及向购买方收取的代购买方缴纳的车辆购置税、车辆牌照费。

11.下列栏次由进口自用车辆的纳税人填写:

(1)"关税完税价格"栏,通过《海关进口关税专用缴款书》《海关进口消费税专用缴款书》《海关进口增值税专用缴款书》或其他资料进行采集,顺序如下:

①《海关进口关税专用缴款书》中注明的关税完税价格;

②在免关税的情况下,通过《海关进口消费税专用缴款书》中注明的完税价格和消费税税额计算关税完税价格;

③在免关税和免或不征消费税的情况下,采用《海关进口增值税专用缴款书》中注明的完税价格;

④在关税、消费税和增值税均免征或不征的情况下,通过其他资料采集关税完税价格。

(2)"关税"栏,填写《海关进口关税专用缴款书》中注明的关税税额;

(3)"消费税"栏,填写《海关进口消费税专用缴款书》中注明的消费税税额。

12."购置日期"栏,购买自用填写《机动车销售统一发票》(以下简称统一发票)或者其他有效凭证的开具日期;进口自用填写《海关进口增值税专用缴款书》或者其他有效凭证的开具日期;自产、受赠、获奖或以其他方式取得并自用的,填写合同、法律文书或者其他有效凭证的生效或开具日期。

13."免(减)税条件"栏,按下列项目选择字母填写:

外国驻华使馆、领事馆和国际组织驻华机构的车辆

外交人员自用车辆

中国人民解放军和中国人民武装警察部队列入军队武器装备订货计划的车辆

设有固定装置的非运输车辆(列入免税图册车辆)

防汛车辆

森林消防车辆

留学人员购买车辆

来华专家购置车辆

农用三轮运输车

新能源车辆

"母亲健康快车"项目专用车辆

芦山地震灾后恢复重建

计划生育流动服务车

城市公交企业购置公共汽电车辆

其他车辆

14."申报计税价格"栏,分别按下列要求填写:

(1)境内购置车辆,按"机动车销售统一发票(或有效凭证)价格"与"价外费用"合计填写;

(2)进口自用车辆,按计税价格填写,计税价格＝关税完税价格＋关税＋消费税;

(3)自产、受赠、获奖或者以其他方式取得并自用的车辆,按机动车销售统一发票(不含税价栏)或有效凭证注明的价格填写。

15."计税价格"栏,填写按规定确定的(核定)计税价格。

16."应纳税额"栏,计算公式为:应纳税额＝计税价格×税率。

17."免(减)税额"栏,填写根据相关的车辆购置税优惠政策计算的免(减)税额。

18."实纳税额"栏,计算公式为:实纳税额＝应纳税额－免(减)税额。

19."申报计税价格"、"计税价格"、"应纳税额"、"免(减)税额"、"实纳税额"栏,由税务机关填写。

20.本表一式二份(一车一表),一份由纳税人留存,一份由主管税务机关留存。

(四)土地增值税纳税申报实训

宏业房地产开发公司建造一幢普通标准住宅,2015 年 12 月 30 日签订出售合同,取得销售收入 1 000 万元(假设城市维护建设税税率为 7％,教育费附加征收率为 3％)。该公司为建造普通标准住宅而支付的地价款为 100 万元,建造此楼投入了 300 万元的房地产开发成本(其中:土地征用及拆迁补偿费 40 万元,前期工程费 40 万元,建筑安装工程费 100 万元,基础设施费 80 万元,开发间接费用 40 万元),由于该房地产开发公司同时建造别墅等住宅,对该普通标准住宅所用的银行贷款利息支出无法分摊,该地规定房地产开发费用的计提比例为 10％。

要求:

(1)计算应纳土地增值税。

(2)进行账务处理并填写土地增值税纳税申报表。

土地增值税纳税申报表（一）

（从事房地产开发的纳税人预征适用）

税款所属时间： 年 月 日至 年 月 日 　　　　　　　　　填表日期： 年

项目名称： 项目编号： 金额单位:元至角分;面积单位:平方米

纳税人识别号：□□□□□□□□□□□□□□□□□□

纳税人名称： 　　　　　　　　　　　　　税款所属期限

房产类型	房产类型子目	收入			预征率（%）	应纳税额	税款缴纳	
		应税收入	货币收入	实物收入及其他收入			本期已缴税额	本期应缴税额计算
	1	2=3+4	3	4	5	6=2×5	7	8=6-7
普通住宅								
非普通住宅								
其他类型房地产								
合计	—				—			

授权代理人	（如果你已委托代理申报人,请填写下列资料）　　　为代理一切税务事宜,现授权 _____（地址）_____为本纳税人的代理申报人,任何与本报表有关的来往文件都可寄与此人。　　授权人签字： _____	纳税人声明	此纳税申报表是根据《中华人民共和国土地增值税暂行条例》和国家有关税收规定填报的,是真实的、可靠的、完整的。　声明人签章： _____	
纳税人公章	法人代表签章	经办人员（代理申报人）签字	备注	

（以下部分由主管税务机关负责填写）

主管税务机关收到日期		接收人		审核日期		税务审核人员签章	
审核记录						主管税务机关盖章	

填表说明：

一、本表适用于从事房地产开发并转让的土地增值税纳税人,在每次转让时填报,也可按月或按各省、自治区、直辖市和计划单列市地方税务局规定的期限汇总填报。

二、凡从事新建房及配套设施开发的纳税人,均应在规定的期限内,据实向主管税务机关填报本表所列内容。

三、本表栏目的内容如果没有,可以空置不填。

四、纳税人在填报土地增值税预征申报表时,应同时向主管税务机关提交《土地增值税项目登记表》等有关资料。

五、项目编号是在进行房地产项目登记时,税务机关按照一定的规则赋予的编号,此编号会跟随项目的预征清算全过程。

六、房产类型子目是主管税务机关规定的预征率类型,每一个子目唯一对应一个房产类型。

七、本表一式两份,送主管税务机关审核盖章后,一份由地方税务机关留存,一份退纳税单位。

土地增值税纳税申报表(二)
(从事房地产开发的纳税人清算适用)

税款所属时间:年 月 日至 年 月 日　　　　填表日期: 年 月 日

金额单位:元至角分;面积单位:平方米

纳税人识别号:□□□□□□□□□□□□□□□□□□

纳税人名称		项目名称		项目编号		项目地址	
所属行业		登记注册类型		纳税人地址		邮政编码	
开户银行		银行账号		主管部门		电话	
总可售面积				自用和出租面积			
已售面积		其中:普通住宅已售面积		其中:非普通住宅已售面积		其中:其他类型房地产已售面积	

项　目		行次	金　额			
			普通住宅	非普通住宅	其他类型房地产	合计
一、转让房地产收入总额　1=2+3+4		1				
其中	货币收入	2				
	实物收入	3				
	其他收入	4				
二、扣除项目金额合计　5=6+7+14+17+21		5				
1.取得土地使用权所支付的金额		6				
2.房地产开发成本　7=8+9+10+11+12+13		7				
其中	土地征用及拆迁补偿费	8				
	前期工程费	9				
	建筑安装工程费	10				
	基础设施费	11				
	公共配套设施费	12				
	开发间接费用	13				
3.房地产开发费用　14=15+16		14				
其中	利息支出	15				
	其他房地产开发费用	16				
4.与转让房地产有关的税金等　17=18+19+20		17				
其中	营业税	18				
	城市维护建设税	19				
	教育费附加	20				
5.财政部规定的其他扣除项目		21				
三、增值额　22=1-5		22				
四、增值额与扣除项目金额之比(%)23=22÷5		23				
五、适用税率(%)		24				
六、速算扣除系数(%)		25				
七、应缴土地增值税税额　26=22×24-5×25		26				

(续表)

	八、减免税额 27＝29＋31＋33			27		
其中	减免税(1)	减免性质代码		28		
		减免税额		29		
	减免税(2)	减免性质代码		30		
		减免税额		31		
	减免税(3)	减免性质代码		32		
		减免税额		33		
	九、已缴土地增值税税额			34		
	十、应补(退)土地增值税税额 35＝26－27－34			35		

授权代理人	(如果你已委托代理申报人,请填写下列资料)
	  为代理一切税务事宜,现授权 _____
	(地址) _____ 为本纳税人的代理申报人,任何与本报表有关的来往文件都可寄与此人。
	  授权人签字:_____
		纳税人声明	此纳税申报表是根据《中华人民共和国土地增值税暂行条例》及其《实施细则》的规定填报的,是真实的、可靠的、完整的。
			  声明人签字:_____

纳税人公 章	法人代表签 章	经办人员(代理申报人)签章	备注

(以下部分由主管税务机关负责填写)

主管税务机关收到日期		接收人		审核日期		税务审核人员签章
审核记录						主管税务机关盖章

一、适用范围

土地增值税纳税申报表(二),适用凡从事房地产开发并转让的土地增值税纳税人。

二、土地增值税纳税申报表

(一)表头项目

1.税款所属期是项目预征开始的时间,截止日期是税务机关规定(通知)申报期限的最后一日(应清算项目达到清算条件起90天的最后一日/可清算项目税务机关通知书送达起90天的最后一日)。

2.纳税人识别号:填写税务机关为纳税人确定的识别号。

3.项目名称:填写纳税人所开发并转让的房地产开发项目全称。

4.项目编号:是在进行房地产项目登记时,税务机关按照一定的规则赋予的编号,此编号会跟随项目的预征清算全过程。

5.所属行业:根据《国民经济行业分类》(GB/T 4754-2011)填写。该项可由系统根据纳税人识别号自动带出,无须纳税人填写。

6.登记注册类型:单位,根据税务登记证或组织机构代码证中登记的注册类型填写;纳税人是企业的,根据国家统计局《关于划分企业登记注册类型的规定》填写。该项可由系统根据纳税人识别号自动带出,无须纳税人填写。

7.主管部门:按纳税人隶属的管理部门或总机构填写。外商投资企业不填。

8.开户银行:填写纳税人开设银行账户的银行名称;如果纳税人在多个银行开户的,填写其主要经营账户的银行名称。

9.银行账号:填写纳税人开设的银行账户的号码;如果纳税人拥有多个银行账户的,填写其主要经营账户的号码。

(二)表中项目

1.表第1栏"转让房地产收入总额",按纳税人在转让房地产开发项目所取得的全部收入额填写。

2.表第2栏"货币收入",按纳税人转让房地产开发项目所取得的货币形态的收入额填写。

3.表第3、4栏"实物收入"、"其他收入",按纳税人转让房地产开发项目所取得的实物形态的收入和无形资产等其他形式的收入额填写。

4.表第6栏"取得土地使用权所支付的金额",按纳税人为取得该房地产开发项目所需要的土地使用权而实际支付(补交)的土地出让金(地价款)及按国家统一规定交纳的有关费用的数额填写。

5.表第8栏至表第13栏,应根据《细则》规定的从事房地产开发所实际发生的各项开发成本的具体数额填写。

6.表第15栏"利息支出",按纳税人进行房地产开发实际发生的利息支出中符合《细则》第七条(三)规定的数额填写。如果不单独计算利息支出的,则本栏数额填写为"0"。

7.表第16栏"其他房地产开发费用",应根据《细则》第七条(三)的规定填写。

8.表第18栏至表第20栏,按纳税人转让房地产时所实际缴纳的税金数额填写。

9.表第21栏"财政部规定的其他扣除项目",是指根据《条例》和《细则》等有关规定所确定的财政部规定的扣除项目的合计数。

10.表第24栏"适用税率",应根据《条例》规定的四级超率累进税率,按所适用的最高一级税率填写。

11.表第25栏"速算扣除系数",应根据《细则》第十条的规定找出相关速算扣除系数来填写。

12.表第28、30、32栏"减免性质代码":按照税务机关最新制发的减免税政策代码表中最细项减免性质代码填报。表第29、31、33栏"减免税额"填写相应"减免性质代码"对应的减免税金额,纳税人同时享受多个减免税政策应分别填写,不享受减免税的,不填写此项。

13.表第34栏"已缴土地增值税税额",按纳税人已经缴纳的土地增值税的数额填写。

14.表中每栏按照"普通住宅、非普通住宅、其他类型房地产"分别填写。

项目七

财产税纳税实训

一、基本技能实训

(一)单项选择题

1.关于房产税纳税期限,下列说法正确的是( )。

A.房产税按月征收,分期缴纳

B.房产税按年征收,分期缴纳

C.房产税按季征收,分期缴纳

D.房产税一般按半年征收一次,分期缴纳

2.王某拥有两处房产,一处原值 50 万元的房产供自己和家人居住,另一处原值 30 万元的房产于 2016 年 7 月 1 日出租给李某居住,按市场价每月取得租金收入 1 050 元(含增值税)。王某当年应缴纳的房产税为( )。当地政府规定允许按房产原值减除 20% 后的余值计税。

A.720 元   B.576 元   C.240 元   D.868 元

3.某运输公司 2016 年有货运汽车(带挂车)10 辆,每辆汽车自重 40 吨;公司所在地载货汽车年税额 96 元/吨。该公司全年应缴纳车船税( )。

A.1 920 元   B.19 200 元   C.3 840 元   D.38 400 元

4.下列需要缴纳车船税的是( )。

A.拖拉机   B.纯电动乘用车

C.燃料电池乘用车   D.非机动驳船

5.契税的纳税义务发生时间为纳税人签订土地、房屋权属转移合同的( )。

A.次日   B.当天   C.7 日内   D.10 日内

6.甲企业以自有房产作为抵押向某商业银行借入一年期贷款 2 000 万元,房产账面价值 1 800 万元,抵押时市价 2 200 万元;一年后无力偿还,将房产折价给银行抵偿了 2 300 万元的债务本息,抵债时房产市价 2 500 万元(均为不含增值税价格)。当地规定的契税税率为 3%,契税的正确处理是(   )。

A.甲企业应纳契税 60 万元
B.甲企业应纳契税 75 万元
C.银行应纳契税 75 万元
D.银行应纳契税 69 万元

7.投资性房地产应纳房产税,借记(   )账户。

A."管理费用"
B."营业税金及附加"
C."销售费用"
D."其他业务成本"

8.企业按规定计算应交的车船税,借记(   )账户。

A."管理费用"
B."营业税金及附加"
C."销售费用"
D."其他业务成本"

9.企业取得土地使用权应交契税,借记(   )账户。

A."固定资产"
B."无形资产"
C."销售费用"
D."其他业务成本"

10.企业取得房屋所有权时按规定应当缴纳的契税,借记(   )账户。

A."固定资产"
B."无形资产"
C."销售费用"
D."其他业务成本"

(二)多项选择题

1.房产税的纳税人是(   )。

A.产权属国家所有的,由经营管理单位纳税

B.产权属集体和个人所有的,由集体单位和个人纳税

C.产权出典的,由出典人纳税

D.产权未确定的,由房产代管人或使用人纳税

2.在房产税实行从价计征情况下,其房产原值一次减除的比率和税率为(   )。

A.10%~20%
B.10%~30%
C.1.2%
D.12%

3.下列属于免征房产税的有(   )。

A.武装警察办公的房产
B.医疗机构的房产
C.宗教寺庙自用房产
D.应税房产大修停用三个月以上的房产

4.下列各项中,符合房产税纳税义务发生时间规定的有(   )。

A.将原有房产用于生产经营,从生产经营次月起缴纳房产税

B.委托施工企业建设的房屋,从办理验收手续次月起缴纳房产税

C.购置存量房,自权属登记机关签发房屋权属证书次月起缴纳房产税

D.购置新建商品房,自权属登记机关签发房屋权属证书次月起缴纳房产税

5.可以享受车船税减免税优惠政策的有(   )。

A.除驳船以外的非机动车船

B.在农业部门登记为拖拉机的车辆

C.武警专用的车辆

D.各级国家机关使用的车船

6.下列项目中,以"辆"为计税依据计算车船税的有(   )。

A.船舶   B.摩托车   C.客车   D.货车

7.下列各项中,应当征收契税的有(   )。

A.以房产抵债   B.将房产赠与他人

C.以房产作投资   D.子女继承父母房产

8.下列各项中,可以享受契税免税优惠的有(   )。

A.城镇职工自己购买商品住房

B.政府机关承受房屋用于办公

C.遭受自然灾害后重新购买住房

D.军事单位承受房屋用于军事设施

9.(   )的应纳房产税计入管理费用借方。

A.投资性房地产   B.办公楼

C.车间   D.出借房产

10.(   )账户是属于契税应计入的账户。

A.管理费用   B.固定资产

C.无形资产   D.在建工程

(三)判断题

1.对于房地产开发企业建造的商品房,在出售前,一律不征收房产税。 (   )

2.房产出租时,如果以劳务为报酬抵付房租收入的,应根据当地同类劳务的平均价格折算为房租收入,据此计征房产税。 (   )

3.个人所有的房产,除出租外,一律免征房产税。 (   )

4.申报缴纳房产税时,应借记"应交税费——应交房产税"账户。 (   )

5.车船税的纳税义务发生时间,应当以购买车船的发票或者其他证明文件所载日期的当月为准。 (   )

6.已缴纳车船税的车船在同一纳税年度内办理转让过户的,应另纳税。 (   )

7.购置的新车船,购置当年的应纳税额自纳税义务发生的当月起按月计算,应纳税额为年应纳税额除以 12 再乘以应纳税月份数。 (   )

8.临时入境的外国车船和香港特别行政区、澳门特别行政区、台湾地区的车船,也征收车船税。 (   )

9.土地使用权交换、房屋交换的计税依据,为交换土地使用权、房屋的价格差额,由多交付的一方缴纳契税。 (   )

10.缴纳契税必须通过"应交税费——应交契税"账户。 (   )

二、业务技能实训

某运输公司 2016 年拥有财产情况如下：

1.房产原值为 30 000 万元，3 月 28 日将其中原值为 10 000 万元的临街房作为投资性房地产出租给某连锁商店，4 月 1 日起收取租金，月租金 50 万元(不含增值税)。当地政府规定允许按房产原值减除 20％后的余值计税，房产税按季缴纳。

2.拥有商用车货车 12 辆(其中 2 辆已经报停，货车整备质量吨位均为 5 吨)；商用车客车 35 辆；乘用车 2 辆(1.5 升的 1 辆，3.0 升的 1 辆)，假设商用车货车的单位税额为每吨 50 元，商用车客车每辆 600 元，1.5 升的乘用车每辆 500 元，3.0 升的乘用车每辆 2 400元。年初一次性缴纳车船税。

3.12 月购买一办公楼，成交价格为 2 000 万元(不含增值税)，当地规定的契税税率为 3％。用银行存款缴纳房款和契税。

要求：

(1)根据以上业务计算该公司 2016 年应缴纳房产税、车船税、契税。

(2)进行账务处理并填制相关的纳税申报表。

房产税纳税申报表

税款所属期：自　年　月　日至　年　月　日　　　　　填表日期：　年　月　日

金额单位:元至角分；面积单位:平方米

纳税人识别号：☐☐☐☐☐☐☐☐☐☐☐☐☐☐☐☐☐

纳税人信息	名称		纳税人分类	单位☐　个人☐
	登记注册类型	*	所属行业	*
	身份证件类型	身份证☐　护照☐　其他☐____	身份证件号码	
	联系人		联系方式	

一、从价计征房产税

	房产编号	房产原值	其中:出租房产原值	计税比例	税率	所属期起	所属期止	本期应纳税额	本期减免税额	本期已缴税额	本期应补(退)税额
1	*										
2	*										
3	*										
4	*										
5	*										
6	*										
7	*										
8	*										
9	*										
10	*										
合计	*	*	*	*	*	*	*				

（续表）

二、从租计征房产税					
	本期申报租金收入	税率	本期应纳税额	本期减免税额	本期已缴税额	本期应补(退)税额
1						
2						
3						
合计		*				

以下由纳税人填写：

纳税人声明	此纳税申报表是根据《中华人民共和国房产税暂行条例》和国家有关税收规定填报的,是真实的、可靠的、完整的。		
纳税人签章	代理人签章	代理人身份证号	

以下由税务机关填写：

受理人	受理日期	年　月　日	受理税务机关签章

本表一式两份,一份纳税人留存,一份税务机关留存。

填表说明:

1.本表适用于在中华人民共和国境内申报缴纳房产税的单位和个人。

2.本表依据《中华人民共和国税收征收管理法》《中华人民共和国房产税暂行条例》制定,为房产税纳税申报表主表。本表包括三个附表,附表一为《房产税减免税明细申报表》,附表二为《从价计征房产税税源明细表》、附表三为《从租计征房产税税源明细表》。首次申报或变更申报时纳税人提交《从价计征房产税税源明细表》和《从租计征房产税税源明细表》后,本表由系统自动生成,无需纳税人手工填写,仅需签章确认。申报房产数量大于10个(不含10)的纳税人,建议采用网络申报方式,并可选用本表的汇总版进行申报。后续申报,纳税人税源明细无变更的,税务机关提供免填单服务,根据纳税人识别号,系统根据当期有效的房产税源明细信息自动生成本表,纳税人签章确认即可完成申报。

3.纳税人识别号:填写税务机关赋予的纳税人识别号。

4.纳税人名称:党政机关、企事业单位、社会团体的,应按照国家人事、民政部门批准设立或者工商部门注册登记的全称填写;纳税人是自然人的,应当按照本人有效身份证件上标注的姓名填写。

5.纳税人分类:分为单位和个人,个人含个体工商户。

6.登记注册类型 * :单位,根据税务登记证或组织机构代码证中登记的注册类型填写;纳税人是企业的,根据国家统计局《关于划分企业登记注册类型的规定》填写。内资企业 国有企业 集体企业 股份合作企业 联营企业 国有联营企业 集体联营企业 国有与集体联营企业 其他联营企业 有限责任公司 国有独资公司 其他有限责任公司 股份有限公司 私营企业 私营独资企业 私营合伙企业 私营有限责任公司 私营股份有限公司 其他企业 港、澳、台商投资企业 合资经营企业(港或澳、台资) 合作经营企业(港或澳、台资）港、澳、台商独资经营企业 港、澳、台商投资股份有限公司 其他港、澳、台商投资企业 外商投资企业 中外合资经营企业 中外合作经营企业 外资企业 外商投资股份有限公司 其他外商投资企业。该项可由系统根据纳税人识别号自动带出，无须纳税人填写。

7.所属行业＊：根据《国民经济行业分类》（GB/T 4754－2011)填写。该项可由系统根据纳税人识别号自动带出，无须纳税人填写。

8.身份证件类型：填写能识别纳税人唯一身份的有效证照名称。纳税人为自然人的，必选。选择类型为：身份证、护照、其他，必选一项，选择"其他"的，请注明证件的具体类型。

9.身份证件号码：填写纳税人身份证件上的号码。

10.联系人、联系方式：填写单位法定代表人或纳税人本人姓名、常用联系电话及地址。

11.房产编号＊：纳税人不必填写。由税务机关的管理系统赋予编号，以识别。

12.房产原值：本项为《从价计征房产税税源明细表》相应数据项的汇总值。

13.出租房产原值：本项为《从价计征房产税税源明细表》相应数据项的汇总值。

14.计税比例：系统应当允许各地自行配置。配置好后，系统预设在表单中。

15.税率：系统预设，无需纳税人填写，并允许各地自行配置。从价配置默认 1.2%，从租配置默认 12%。

16.所属期起：税款所属期内税款所属的起始月份。起始月份不同的房产应当分行填写。默认为税款所属期的起始月份。但是，当《从价计征房产税税源明细表》中取得时间晚于税款所属期起始月份的，所属期起为"取得时间"的次月；《从价计征房产税税源明细表》中经核准的困难减免的起始月份晚于税款所属期起始月份的，所属期起为"经核准的困难减免的起始月份"；《从价计征房产税税源明细表》中变更类型选择信息项变更的，变更时间晚于税款所属期起始月份的，所属期起为"变更时间"。

17.所属期止：税款所属期内税款所属的终止月份。终止月份不同的房产应当分行填写。默认为税款所属期的终止月份。但是，当《从价计征房产税税源明细表》中变更类型选择"纳税义务终止"的，变更时间早于税款所属期终止月份的，所属期止为"变更时间"；《从价计征房产税税源明细表》中"经核准的困难减免的终止月份"早于税款所属期终止月份的，所属期止为"经核准的困难减免的终止月份"。

18.本期应纳税额：本项为《从价计征房产税税源明细表》和《从租计征房产税税源明细表》相应数据项的汇总值。

19.本期减免税额：本项为按照税目分别从《从价计征房产税税源明细表》或《从租计征房产税税源明细表》月减免税额与税款所属期实际包含的月份数自动计算生成。

20.带星号(＊)的项目不需要纳税人填写。

21.逻辑关系：

(1)从价计征房产税的本期应纳税额＝∑（房产原值－出租房产原值)×计税比例×税率÷12×(所属期止月份－所属期起月份＋1)；

(2)从价计征房产税的本期应补（退）税额＝本期应纳税额－本期减免税额－本期已缴税额；

(3)从租计征房产税的本期应纳税额＝∑本期应税租金收入×适用税率；

(4)从租计征房产税的本期应补（退）税额＝本期应纳税额－本期减免税额－本期已缴税额。

(5)从价计征本期减免税额＝∑《从价计征房产税税源明细表》月减免税额×(所属期止月份－所属期起月份＋1)

(6)从租计征本期减免税额＝∑《从租计征房产税税源明细表》月减免税额×(所属期止月份－所属期起月份＋1)

车船税纳税申报表

纳税人识别号：□□□□□□□□□□□□□□□□□□

纳税人名称：(公章)

税款所属期限：自　　年　　月　　日至　　年　　月　　日

填表日期：　　年　　月　　日　　　　　　　　　　　　　　　金额单位：元(列至角分)

税　目			计税单位	年税额标准	数量	整备质量/净吨位	本期应纳税额	本期减免税额	本期已缴税额	本期应补(退)税额
乘用车(核定载客人数小于或等于9人)	1.0升(含)以下的		每辆			—				
	1.0升以上至1.6升(含)的		每辆			—				
	1.6升以上至2.0升(含)的		每辆			—				
	2.0升以上至2.5升(含)的		每辆			—				
	2.5升以上至3.0升(含)的		每辆			—				
	3.0升以上至4.0升(含)的		每辆			—				
	4.0升以上的		每辆			—				
商用车	大型客车(核定载客人数大于或等于20人)		每辆			—				
	中型客车(核定载客人数大于9人小于20人)		每辆			—				
	货车	普通货车	整备质量每吨							
		半挂牵引车	整备质量每吨							
		低速载货汽车	整备质量每吨							
		三轮汽车	整备质量每吨							
	挂车		整备质量每吨							
其他车辆	专用作业车		整备质量每吨							
	轮式专用机械车		整备质量每吨							
	摩托车		每辆							
	小计			—						
船舶	机动船舶	净吨位小于或等于200吨	每吨	3						
		净吨位201吨至2 000吨	每吨	4						
		净吨位2 001吨至10 000吨	每吨	5						
		净吨位10 001吨及以上	每吨	6						
	游船	艇身长度小于等于10米	每米	600						
		艇身长度大于10米小于等于18米	每米	900						
		艇身长度大于18米小于等于30米	每米	1 300						
		艇身长度大于30米	每米	2 000						
		辅助动力帆艇	每米	600						
	小计			—						

（续表）

	合计									

纳税人或代理人声明： 此纳税申报表是根据国家税收法律的规定填报的，我确信它是真实的、可靠的、完整的。	如纳税人填报，由纳税人填写以下各栏					
	经办人 （签章）		会计主管 （签章）		法定代表人 （签章）	
	如委托代理人填报，由代理人填写以下各栏					
	代理人名称				代理人（签章）	
	经办人（签章）					
	联系电话					

以下由税务机关填写					
受理人		受理日期		受理税务机关 （签章）	

填表说明：

一、本表适用于自行申报车船税的纳税人填报。

二、本表"税目"相应栏次分别根据《附表》同类型车船对应栏次合计填写。本表一式三份，一份纳税人留存；一份主管税务机关留存；一份由纳税人交给保险公司作为纳税车船的明细信息。

<h2 style="text-align:center">契税纳税申报表</h2>

填表日期：　　年　　月日　　　　　　　　　金额单位:元至角分；面积单位:平方米

纳税人识别号：□□□□□□□□□□□□□□□□□□

承受方信息	名　称		□单位　□个人		
	登记注册类型		所属行业		
	身份证件类型	身份证□　护照□　其他□＿＿	身份证件号码		
	联系人		联系方式		
转让方信息	名　称		□单位　□个人		
	纳税人识别号		登记注册类型		所属行业
	身份证件类型		身份证件号码		联系方式
土地房屋权属转移信息	合同签订日期		土地房屋坐落地址		权属转移对象　设立下拉列框*
	权属转移方式	设立下拉列框	用途	设立下拉列框	家庭唯一普通住房　□90平方米以上　□90平方米及以下
	权属转移面积		成交价格		成交单价
税款征收信息	评估价格		计税价格		税率
	计征税额		减免性质代码	减免税额	应纳税额

以下由纳税人填写：	
纳税人声明	此纳税申报表是根据《中华人民共和国契税暂行条例》和国家有关税收规定填报的，是真实的、可靠的、完整的。
纳税人签章	代理人签章　　　　　　代理人身份证号

以下由税务机关填写：			
受理人	受理日期	年　月　日	受理税务机关签章

本表一式两份，一份纳税人留存，一份税务机关留存。

填表说明：

1.本表依据《中华人民共和国税收征收管理法》《中华人民共和国契税暂行条例》设计制定。纳税申报必须填写本表。

2.本表适用于在中国境内承受土地、房屋权属的单位和个人。纳税人应当在签订土地、房屋权属转移合同或者取得其他具有土地、房屋权属转移合同性质凭证后10日内，向土地、房屋所在地契税征收机关填报契税纳税申报表，申报纳税。对于个人间的二手房权属转移，纳税人可通过填报二手房交易综合申报表进行契税纳税申报，不需再填报契税纳税申报表。

3.填报日期：填写纳税人办理纳税申报的实际日期。

4.本表各栏的填写说明如下：

(1)纳税人识别号：填写税务机关赋予的纳税人识别号。

(2)承受方及转让方名称：承受方、转让方是党政机关、企事业单位的，应按照国家人事、民政部门批准设立或者工商部门注册登记的全称填写；承受方、转让方是自然人的，应按照本人有效身份证件上标注的姓名填写。

(3)登记注册类型：承受方、转让方是企业的填写此栏。根据国家统计局《关于划分企业登记注册类型的规定》填写。

(4)所属行业：承受方、转让方是党政机关、企事业单位的填写此栏。根据《国民经济行业分类》(GB/T4754-2011)填写。

(5)身份证件类型：填写能识别纳税人唯一身份的有效证照名称。纳税人为自然人的，必选。选择类型为：身份证、护照、其他，必选一项，选择"其他"的，请注明证件的具体类型。

(6)身份证件号码：填写纳税人身份证件上的号码。

(7)联系人：填写单位法定代表人或纳税人本人姓名；联系方式：填写常用联系电话及通讯地址。

(8)合同签订时间：指承受方与转让方签订土地、房屋转移合同的当日，或者承受方取得其他具有土地、房屋转移合同性质凭证的当日。

(9)土地、房屋坐落地址：土地使用权转移，应填写土地坐落地址及地号；房屋权属转移，应同时填写土地坐落地址(含地号)和房屋坐落地址。

(10)权属转移对象：分土地、房屋两类一级指标；房屋下的二级指标设增量房和存量房；增量房和存量房下的三级指标均设普通商品住房、非普通商品住房、保障性住房、其他住房和非住房。

(11)权属转移方式：房产按1.房屋买卖、2.房屋赠与、3.房屋交换、4.房屋作价入股、5.其他填写；土地按1.国有土地使用权出让、2.土地使用权买卖、3.土地使用权赠与、4.土地使用权交换、5.土地使用权作价入股。

(12)用途：土地按1.居住用地、2.商业用地、3.工业用地、4.综合用地、5.其他用地填写；住房按居住填写；非住房按1.居住、2.商业、3.办公、4.商住、5.附属建筑、6.工业、7.其他填写。

(13)权属转移面积：土地、房屋权属转移合同确定的面积填写。

(14)成交价格：土地、房屋权属转移合同确定的价格(包括承受者应交付的货币、实物、无形资产或者其他经济利益，折算成人民币金额)填写；房屋交换为所交换房屋所支付的差价，不支付差价小于零则填"0"；居民因个人房屋被征收而重新购置房屋或选择房屋产权调换的，以购房价格超过征收补偿部分的金额填写。成交单价：单位面积的成交价格。

(15)税率：3%～5%，根据各省市确定的适用税率填写。家庭唯一普通住房亦按适用税率而非优惠税率填写。如，某省规定，该省住房适用税率为3%，对个人购买90平方米以下家庭住房的，在填报契税纳税申报表时，税率应按3%而非1%填写。

(16)住房：国家规划部门规划的房产用途或房产证上标注的房产用途填写，商住房等混合用途房产不列为住房。

(17)普通住房:指符合各地按照《建设部 发展改革委 财政部 国土资源部 人民银行 税务总局 银监会关于做好稳定住房价格工作的意见》(国办发〔2005〕26号)规定制定的本地普通住房标准的住房。

(18)评估价格,是指依据一定的评估方法对房地产所做的客观合理估价。如果纳税人成交价格明显低于市场价格并且无正当理由,并需要核定或评估的,按照"存量房交易计税价格评估系统"评估的价格或评估机构出具的评估价格填写。

(19)计税价格,是指由征收机关按照《中华人民共和国契税暂行条例》及有关规定确定的成交价格或者核定价格。

(20)减免性质代码:对按照契税政策规定享受减免税的,应按税务机关最新制发的减免税政策代码表中最细项减免性质代码填写。对同时享受税额式(税基式)减免税及税率式减免税的(如同时享受房屋征收免税及家庭唯一普通住房税率优惠),减免性质代码按税率式减免对应的代码填写。不享受减免税的,不填写此项。

(21)计征税额:计征税额=计税价格×适用税率,适用税率即(13)条中确认的税率。

(22)减免税额:减免税额=计税价格×(适用税率-优惠税率)×减免税比例,减免税比例按各地确定的减免税比例计算,享受免税的,减免税比例为100%,不享受减免税的,不填写此项。

同时享受税额式(税基式)减免税及税率式减免税的,减免税额为按税率式减免计算的减免税额。其中,90平方米及以下家庭唯一普通住房的,优惠税率为1%;90平方米以上家庭唯一普通住房的,优惠税率=适用税率÷2。

(23)应纳税额:应纳税额=计征税额-减免税额。

如,王某的住房被政府征收后选择货币补偿重新购置了80平方米的房屋,购房成交价格超过货币补偿10万元,按现行政策规定,王某应就超过货币补偿的10万元缴纳契税,同时,由于该房屋符合当地普通房屋标准,且为王某家庭唯一住房,可享受1%优惠税率,当地契税适用税率为3%。由此计算,计征税额=10万元×3%=3 000元,减免税额=300 010万元×(3%-1%)=2 000元,应纳税额=10万元×1%=1 000元。

项目八

资源税纳税实训

一、基本技能实训

(一)单项选择题

1.资源税的应纳税额,按照(　　)的办法计算。

A.从价定率

B.从价定率或者从量定额

C.从量定额

D.复合计征

2.以下以原矿为征税对象的是(　　)。

A.铁矿　　　　　　B.铜矿　　　　　　C.铝土矿　　　　　　D.锡矿

3.下列(　　)资源税的税率是11%。

A.钼矿　　　　　　B.钨矿　　　　　　C.原油　　　　　　D.稀土矿

4.某纳税人本期以自产液体盐 50 000 吨和外购液体盐 20 000 吨(每吨已缴纳资源税 5 元)加工固体盐 24 000 吨对外销售,取得销售收入 1 200 万元。已知固体盐税额为每吨 30 元,该纳税人本期应缴纳(　　)资源税。

A.72 万元　　　　B.122 万元　　　　C.50 万元　　　　D.62 万元

5.城镇土地使用税是对城市、县城、建制镇和工矿区范围内使用土地的单位和个人,按(　　)和规定税额计算征收的一种地方税。

A.实际占用土地面积

B.建筑面积

C.实际使用土地面积

D.纳税人申报的土地面积

6.某公司与政府机关共同使用一栋共有土地使用权的建筑物。该建筑物占用土地面积 4 000 平方米,建筑物面积 20 000 平方米(公司与机关的占用比例为 4∶1),该公司所在市城镇土地使用税单位税额每平方米 5 元。该公司应纳城镇土地使用税为(　　)。

A.0 元　　　　　　B.4 000 元　　　　C.8 000 元　　　　D.16 000 元

7.下列占用土地的行为,应征收城镇土地使用税的是(　　　)。

A.国家机关自用土地　　　　　　　　B.公园自用土地

C.企业能区分的学校用地　　　　　　D.企业内绿化占用的土地

8.金属和非金属矿产品原矿,因无法准确掌握纳税人移送使用原矿数量的,可将其精矿按(　　　)折算成的原矿数量作为课税数量。

A.综合回收率　　　　　　　　　　　B.销售数量

C.选矿比　　　　　　　　　　　　　D.开采数量

9.企业对外销售的应税矿产品,按规定计算出应纳资源税税额,借记(　　　)账户,贷记"应交税费——应交资源税"账户。

A."生产成本"　　　　　　　　　　　B."制造费用"

C."材料采购"　　　　　　　　　　　D."营业税金及附加"

10.城镇土地使用税的计算方法为(　　　)。

A.从价定率　　　　　　　　　　　　B.从价定率或者从量定额

C.从量定额　　　　　　　　　　　　D.复合计征

(二)多项选择题

1.下列矿产品应纳资源税的有(　　　)。

A.原油　　　　　B.铁矿石　　　　　C.煤气　　　　　D.固体盐

2.根据资源税的有关规定,资源税的扣缴义务人包括(　　　)。

A.独立矿山　　　　　　　　　　　　B.联合企业

C.其他收购未税矿产品的单位　　　　D.开采单位

3.下列(　　　)单位和个人的生产经营行为应缴纳资源税。

A.冶炼企业进口矿石　　　　　　　　B.个体经营者开采煤矿

C.军事单位开采石油　　　　　　　　D.中外合作开采天然气

4.下列关于城镇土地使用税纳税义务人的表述正确的有(　　　)。

A.城镇土地使用税由拥有土地使用权的单位和个人缴纳

B.土地使用权未确定或权属纠纷未解决的,由实际使用人纳税

C.土地使用权共有的,由共有各方分别纳税

D.外商投资企业和外国企业不缴纳城镇土地使用税

5.城镇土地使用税的征税范围包括(　　　)。

A.城市　　　　　B.县城　　　　　C.建制镇　　　　　D.工矿区

6.下列各项中,应缴纳城镇土地使用税的有(　　　)。

A.用于水产养殖业的生产用地　　　　B.名胜古迹园区内附设的照相馆用地

C.公园中管理单位的办公用地　　　　D.学校食堂对外营业的餐馆用地

7.企业自产自用应税矿产品,按规定计算出应纳资源税税额,借记(　　　)等账户,贷记"应交税费——应交资源税"账户。

A."生产成本"　　　　　　　　　　　B."制造费用"

C."材料采购"　　　　　　　　　　　D."营业税金及附加"

8.企业收购未税矿产品,按代扣代缴的资源税税额,借记(　　　)等账户,贷记"应交税

费——应交资源税"账户。

    A."生产成本"　　　　　　　　　B."在途物资"

    C."材料采购"　　　　　　　　　D."营业税金及附加"

    9.按规定计算应交的城镇土地使用税时,借记(　　)账户,贷记"应交税费——应交城镇土地使用税"账户。

    A."生产成本"　　　　　　　　　B."管理费用"

    C."材料采购"　　　　　　　　　D."营业税金及附加"

    10.下列城镇土地使用税纳税义务发生时间说法正确的有(　　)。

    A.实行按年计算、分期缴纳的方法

    B.纳税人购置新建商品房,自房屋交付使用次月起,缴纳城镇土地使用税

    C.纳税人购置存量房,自办理房屋权属转移、变更登记手续,房地产权属登记机关签发房屋权属证书次月起,缴纳城镇土地使用税

    D.纳税人出租、出借房产,自交付出租、出借房产次月起,缴纳城镇土地使用税

(三)判断题

1.我国目前对所有资源均开征资源税。　　　　　　　　　　　　　　(　　)

2.纳税人开采应税产品由其关联单位对外销售的,按其关联单位的销售额征收资源税。　　　　　　　　　　　　　　　　　　　　　　　　　　(　　)

3.资源税仅对在中国境内开采或生产应税产品的单位和个人征收,对进口的矿产品和盐不征收。　　　　　　　　　　　　　　　　　　　　　(　　)

4.进口的矿产品和盐,不征收资源税;出口的矿产品和盐,也不免征或退还已纳资源税。　　　　　　　　　　　　　　　　　　　　　　　　(　　)

5.城镇土地使用税的征税对象是国有土地和农业用地。　　　　　(　　)

6.城镇土地使用税为了调节土地的级差收入,实行差别幅度税额。　(　　)

7.城镇土地使用税的征税范围是城市、县城、镇和工矿区范围内的国家所有的土地。　　　　　　　　　　　　　　　　　　　　　　　　(　　)

8.纳税单位无偿使用免税单位的土地免征城镇土地使用税,免税单位无偿使用纳税单位的土地照章征收城镇土地使用税。　　　　　　　　　(　　)

9.企业外购液体盐加工成固体盐,在购入液体盐时,按允许抵扣的资源税,贷记"应交税费——应交资源税"账户。　　　　　　　　　　　　(　　)

10.纳税人应纳的资源税,应当向机构所在地主管税务机关缴纳。　(　　)

二、业务技能实训

    1.某油田股份有限公司,税务登记证号(纳税人识别号):410272580666422;会计主管:王玉柱。2016年10月份销售给龙山冶炼厂原油300吨,不含增值税单价4 000元/吨;天然气600千立方米,不含增值税单价2元/立方米,银行通知款已入账,并于11月8日进行纳税申报。

要求：

(1)计算该油田 10 月份应纳资源税税额并进行会计处理。

(2)填写资源税纳税申报表。

资源税纳税申报表(一)
(按从价定率办法计算应纳税额的纳税人适用)

税款所属期限:自 年 月 日至 年 月 日

填表日期: 年 月 日 金额单位:元至角分

纳税人识别号:☐☐☐☐☐☐☐☐☐☐☐☐☐☐☐☐☐☐☐

栏次	征收品目	征收子目	销售量	销售额	折算率	适用税率或实际征收率	本期应纳税额	减征比例	本期减免税额	减免性质代码	本期已缴税额	本期应补(退)税额
	1	2	3	4	5	6	7	8	9=7×8	10	11	12=7-9-11
合计												

以下由纳税人填写:

纳税人声明	此纳税申报表是根据《中华人民共和国资源税暂行条例》及其《实施细则》的规定填报的,是真实的、可靠的、完整的。		
纳税人签章		代理人签章	代理人身份证号

以下由税务机关填写:

受理人		受理日期	年 月 日	受理税务机关签章

本表一式两份,一份纳税人留存,一份税务机关留存。

填表说明:

1.本表适用于资源税纳税人填报(国家税务总局另有规定者除外)。

2."纳税人识别号"是纳税人在办理税务登记时由主管税务机关确定的税务编码。

3.煤炭的征收品目是指财税〔2014〕72号通知规定的原煤和洗选煤,征收子目按适用不同的折算率和不同的减免性质代码,将原煤和洗选煤这两个税目细化,分行填列。其他从价计征的征收品目是指资源税实施细则规定的税目,征收子目是同一税目下属的子目。

4."销售量"包括视同销售应税产品的自用数量。煤炭、原油的销售量,按吨填报;天然气的销售量,按千立方米填报。原油、天然气应纳税额=油气总销售额×实际征收率。

5.原煤应纳税额=原煤销售额×适用税率;洗选煤应纳税额=洗选煤销售额×折算率×适用税率。2014 年 12 月 1 日后销售的洗选煤,其所用原煤如果此前已按从量定额办法缴纳了资源税,这部分已缴税款可在其应纳税额中抵扣。

6."减免性质代码",按照国家税务总局制定下发的最新《减免性质及分类表》中的最细项减免性质代码填报。如有免税项目,"减征比例"按 100% 填报。

2.某矿山联合企业 2016 年 10 月份开采并销售铁矿石原矿 2 000 吨。铁矿石精矿不含增值税销售额为 5 000 元/吨,原矿不含增值税销售额为 1 000 元/吨,选矿比为 20%,

资源税税率为 3%。该企业实际占地面积共为 26 000 平方米,其中 6 000 平方米为厂区以外的绿化区,企业子弟学校占地 1 000 平方米(单独核算),出租 2 000 平方米的土地给其他企业使用,出借 1 000 平方米土地给部队作为训练场地。该企业所处地段适用年税额为 2 元/平方米。

要求:

(1)计算销售铁矿石应纳资源税。

(2)计算收购未税铁矿石应代扣代缴的资源税。

(3)计算该企业应缴纳的城镇土地使用税。

(4)对以上业务做出相应的账务处理。

3.A 北方盐场 2016 年 10 月份生产固体盐 1 000 吨(本月已全部对外销售),共耗用液体盐 1 300 吨,其中 600 吨是本企业自产的液体盐,另 700 吨液体盐全部从另一盐场购进。已知液体盐单位税额为每吨 3 元,固体盐单位税额为每吨 25 元。

要求:

(1)计算该盐场应纳资源税税额,并进行相关会计处理。

(2)填写资源税纳税申报表

资源税纳税申报表(二)
(按从量定额办法计算应纳税额的纳税人适用)

税款所属期限:自　年　月　日至　年　月　日

填表日期:　年 月 日

金额单位:元至角分纳税人识别号:□□□□□□□□□□□□□□□□□□□□

栏次	征收品目	征收子目	计税单位	销售量	单位税额	本期应纳税额	本期减免销量	本期减免税额	减免性质代码	本期已缴税额	本期应补(退)税额
	1	2	3	4	5	6=4×5	7	8	9	10	11=6-8-10
合 计											

以下由纳税人填写:

纳税人声明	此纳税申报表是根据《中华人民共和国资源税暂行条例》及其《实施细则》的规定填报的,是真实的、可靠的、完整的。		
	纳税人签章	代理人签章	代理人身份证号

以下由税务机关填写:

受理人		受理日期	年 月 日	受理税务机关签章

本表一式两份,一份纳税人留存,一份税务机关留存。

填表说明：

1.本表适用于资源税纳税人填报；

2."纳税人识别号"是纳税人在办理税务登记时由主管税务机关确定的税务编码。

3.减免性质代码：按照国家税务总局制定下发的最新《减免性质及分类表》中的最细项减免性质代码填报。

1.本表适用于资源税纳税人填报（国家税务总局另有规定者除外）。

2."纳税人识别号"是纳税人在办理税务登记时由主管税务机关确定的税务编码。

3.征收品目是指资源税实施细则规定的税目，征收子目是同一税目下属的子目。

4."计税单位"是指资源税实施细则所附"资源税税目税率明细表"所规定的计税单位。"销售量"包括视同销售应税产品的自用数量。

5."本期减免销量"是指"本期减免税额"对应的应税产品减免销售量。

6."减免性质代码"，按照国家税务总局制定下发的最新《减免性质及分类表》中的最细项减免性质代码填报。

项目九

企业所得税纳税实训

一、基本技能实训

(一)单项选择题

1.对符合条件居民企业在一个纳税年度内技术转让所得额在( )以上部分减半征收企业所得税。

A.100 万元 B.180 万元 C.500 万元 D.800 万元

2.国家需要重点扶持的高新技术企业,其企业所得税的税率为( )。

A.10% B.12% C.15% D.20%

3.企业为开发新技术、新产品、新工艺发生的研究开发费用形成无形资产的,按照无形资产成本的( )摊销。

A.20% B.50% C.100% D.150%

4.企业以《资源综合利用企业所得税优惠目录》中规定的资源作为主要原材料,生产国家非限制和禁止并符合国家和行业相关标准的产品取得的收入,在确定应交所得税时,其计税收入按收入总额的( )计算。

A.90% B.80% C.60% D.50%

5.符合规定条件的特殊固定资产,在采取缩短折旧年限的方法计提折旧时,最低折旧年限不得低于税法规定折旧年限的( )。

A.70% B.60% C.50% D.40%

6.除国务院财政、税务主管部门另有规定外,企业发生的职工教育经费支出,不超过工资薪金总额( )的部分,准予扣除。

A.1% B.1.5% C.2% D.2.5%

7.企业发生的符合条件的广告费和业务宣传费支出,除国务院财政、税务主管部门另有规定外,不超过当年销售(营业)收入( )的部分,准予扣除。

A.5％   B.8％   C.10％   D.15％

8.企业发生的公益性捐赠支出,不超过年度利润总额(   )的部分,准予扣除。

A.2％   B.10％   C.12％   D.15％

9.某企业当年实现营业收入1 000万元,当年实际发生业务招待费5万元,在计算应交企业所得税时可税前扣除的业务招待费金额为(   )。

A.50 000元   B.30 000元   C.80 000元   D.20 000元

10.企业在年度中间终止经营活动的,应当自实际经营终止之日起(   )日内,向税务机关办理当期企业所得税汇算清缴。

A.15   B.30   C.45   D.60

11.下列各项中,适用我国企业所得税法律制度的是(   )。

A.有限责任公司   B.合伙企业

C.个人独资企业   D.个体工商户

12.下列各项中,不需计入应纳税所得额缴纳企业所得税的是(   )。

A.因债权人原因确实无法支付的应付款项

B.转让专利权收入

C.企业取得国债利息收入

D.企业接受捐赠的实物资产

13.根据企业所得税法及实施细则规定,计算应纳税所得额时准予扣除的是(   )。

A.支付违法经营的罚款   B.对外投资支出

C.支付的税收滞纳金   D.支付银行加收的罚息

14.企业购置用于环境保护、节能节水、安全生产等专用设备的投资,适用的企业所得税税收优惠是(   )。

A.加计扣除

B.按投资额的一定比例抵扣应纳税所得额

C.按一定比例实行税额抵免

D.实行15％的优惠税率

15.企业所得税的征收办法是(   )。

A.按月征收   B.按年计征,分月或分季预缴

C.按季征收   D.按月计征,分周预缴

16.以下说法正确的是(   )。

A.外购的固定资产,以购买价款为计税基础

B.自行建造的固定资产,以竣工结算前发生的支出为计税基础

C.盘盈的固定资产,以固定资产的公允价值为计税基础

D.通过捐赠取得的固定资产,以该资产的成本为计税基础

17.企业不可以选择的存货的成本计算方法是(   )。

A.先进先出法   B.加权平均法

C.个别计价法   D.后进先出法

18.通过支付现金方式取得的投资资产以(   )为成本。

A.购买价款　　　　　　　　　　　B.公允价值

C.公允价值或购买价款　　　　　　D.公允价值加购买价款

19.企业合并中取得资产、负债的入账价值与其计税基础不同形成可抵扣暂时性差异的,应于购买日确认递延所得税资产,借记(　　)账户,贷记"商誉"等账户。

A."递延所得税资产"　　　　　　B."递延所得税负债"

C."无形资产"　　　　　　　　　D."投资收益"

20.与直接计入所有者权益的交易或事项相关的递延所得税资产,借记"递延所得税资产"账户,贷记(　　)账户。

A."主营业务收入"　　　　　　　B."资本公积——其他资本公积"

C."营业外收入"　　　　　　　　D."投资收益"

21.资产的计税基础是指企业收回资产账面价值过程中,计算应税所得时按照税法规定可以从应税经济利益中抵扣的金额,即(　　)的资产价值。

A.未来需要缴税　　　　　　　　B.未来和现在不需要缴税

C.不可以从应税经济利益中抵扣的金额　D.未来不需要缴税

22.应纳税暂时性差异(　　)。

A.产生当期应当确认为递延所得税负债　B.产生当期应当确认为递延所得税资产

C.未来确认为递延所得税负债　　　　D.未来确认为递延所得税资产

23.可抵扣暂时性差异在未来期间转回时会减少转回期间的应纳税所得额,减少未来期间的应缴所得税。可抵扣暂时性差异(　　)。

A.产生当期应当确认为递延所得税负债　B.产生当期应当确认为递延所得税资产

C.未来确认为递延所得税负债　　　　D.未来确认为递延所得税资产

24.某制药厂年销售收入3 200万元,广告费支出600万元,业务宣传费40万元,税前可扣除广告费与业务宣传费是(　　)。

A.480万元　　　B.600万元　　　C.960万元　　　D.640万元

25.某企业发生意外事故,损失库存外购原材料300万元,取得保险公司赔款32万,税前扣除的损失是(　　)。

A.131.16万元　　　B.319万元　　　C.152.4万元　　　D.21.24万元

26.某在中国境内未设立机构、场所的非居民企业从中国取得股息30万元;转让房产取得收入100万元,该房产的净值为60万元。计算应纳企业所得税为(　　)。

A.7万元　　　B.14万元　　　C.13万元　　　D.26万元

27.某工业企业采取核定应税所得率方式缴纳企业所得税,当年收入总额为1 300万元,其中含国债利息收入100万元,取得市财政局下拨的符合不征税收入条件的专项用途财政性资金200万元,企业适用的应税所得率为15%,无其他事项。则该企业应纳企业所得税(　　)。

A.45万元　　　B.32.54万元　　　C.48.75万元　　　D.37.5万元

28.某企业持有一项交易性金融资产,成本为1 000万元,某资产负债表日的公允价值为1 500万元,差额500万元(　　)。

A.为可抵扣暂时性差异　　　　　　B.应调增应税所得

C.为永久性差异　　　　　　　　　　　　D.为应纳税暂时性差异

29.某企业2008年亏损150万元,2009年至2012年全部盈利,共弥补120万元,2013年盈利20万元,2014年盈利10万元。2014年该企业应纳企业所得税(　　　)。

A.0万元　　　　　　B.1万元　　　　　　C.2万元　　　　　　D.2.5万元

30.某企业适用25%的企业所得税税率,境内应纳税所得额为100万元,在A国设有分支机构(我国与A国签订避免双重征税协定),在A国分支机构的所得额为60万元,A国的税率为30%。该企业当年在中国应纳企业所得税为(　　　)。

A.40万元　　　　　　B.30万元　　　　　　C.25万元　　　　　　D.20万元

(二)多项选择题

1.下列关于企业所得税免税收入的陈述中,正确的有(　　　)。

A.国债利息收入属于免税收入

B.符合条件居民企业之间的股息、红利等权益性投资收益属于免税收入

C.外国企业在中国境内设立的办事处取得的股票买卖收入属于免税收入

D.符合条件的非营利组织的收入属于免税收入

2.国家对环境保护、节能节水项目的所得税优惠政策有(　　　)。

A.第一年至第三年免征企业所得税　　　　B.第一年至第三年减半征收企业所得税

C.第四年至第六年减半征收企业所得税　　D.减按20%的税率征收企业所得税

3.在征收企业所得税时,允许税前扣除的保险费用包括(　　　)。

A.基本养老保险费　　　　　　　　　　　B.基本医疗保险费

C.失业保险费　　　　　　　　　　　　　D.工伤保险费

4.在计算应纳税所得额时,不得扣除的支出项目包括(　　　)。

A.向投资者支付的股息　　　　　　　　　B.税收滞纳金

C.未经核定的准备金支出　　　　　　　　D.赞助支出

5.下列关于企业所得税纳税地点正确的有(　　　)。

A.居民企业以企业登记注册地为纳税地点

B.登记注册地在境外的,以实际管理机构所在地为纳税地点

C.居民企业在中国境内设立不具有法人资格的营业机构的,不应当汇总计算并缴纳企业所得税

D.非居民企业在中国境内设立两个或者两个以上机构、场所的,经税务机关审核批准,可以选择由其主要机构、场所汇总缴纳企业所得税

6.下列各项中,属于企业所得税征税范围的有(　　　)。

A.居民企业来源于中国境外的所得　　　　B.非居民企业来源于中国境内的所得

C.非居民企业来源于中国境外的所得　　　D.居民企业来源于中国境内的所得

7.纳税人发生的下列支出中,在计算应纳税所得额时不准予扣除的有(　　　)。

A.购置大型设备的款项　　　　　　　　　B.缴纳的财产保险费

C.广告费支出　　　　　　　　　　　　　D.向投资者支付的股息、红利

8.下列各项收入应计入收入总额的有(　　　)。

A.将委托加工收回的货物用于对外捐赠

B.以企业生产的设备抵偿所欠债务

C.用作职工福利的自产产品的作价收入

D.用于本企业基建工程的自产产品作价收入

9.根据《企业所得税法》的规定,以下属于非居民企业的有(　　　)。

A.依照中国的法律在中国境内成立的企业

B.依照外国(地区)法律成立但实际管理机构在中国境内的企业

C.依照外国(地区)法律成立且实际管理机构不在中国境内但在中国境内设立机构、场所的企业

D.在中国境内未设立机构、场所但有来源于中国境内所得的企业

10.下列各项中,属于企业所得税的应税所得的有(　　　)。

A.我国境内的企业取得的生产经营所得　　　B.财政拨款

C.企业解散或破产后的清算所得　　　D.纳税人取得的特许权使用费所得

11.根据企业所得税法律制度的规定,下列各项中,属于不征税收入的有(　　　)。

A.财政拨款　　　B.纳入财政管理的行政事业性收费

C.纳入财政管理的政府性基金　　　D.国债利息收入

12.下列各项中,纳税人在计算应纳税所得额时准予扣除的税金有(　　　)。

A.消费税　　　B.车船税　　　C.增值税　　　D.印花税

13.下列项目中,应计入应纳税所得额的有(　　　)。

A.非金融企业让渡资金使用权的收入　　　B.因债权人原因确实无法支付的应付款项

C.出口货物退还的增值税　　　D.将自产货物用于职工福利

14.下列支出中,不可以从应纳税所得额中据实扣除的有(　　　)。

A.违反税收法规被税务机关处以的滞纳金

B.诉讼费用

C.对外投资的固定资产计提的折旧费

D.非广告性质的赞助支出

15.现行企业所得税法中企业的优惠方式包括(　　　)。

A.加计扣除　　　B.加速折旧　　　C.减计收入　　　D.税额抵免

16.下列固定资产不得计提折旧扣除的有(　　　)。

A.以经营租赁方式租入的固定资产

B.以融资租赁方式租出的固定资产

C.已足额提取折旧仍继续使用的固定资产

D.单独估价作为固定资产入账的土地

17.下列无形资产不得计提摊销费用扣除的有(　　　)。

A.自行开发的支出已在计算应纳税所得额时扣除的无形资产

B.自创商誉

C.与经营活动无关的无形资产

D.与经营活动有关的无形资产

18.企业发生的下列支出作为长期待摊费用,按照规定摊销的,准予扣除的有(　　)。

A.已足额提取折旧的固定资产的改建支出

B.租入固定资产的改建支出

C.固定资产的大修理支出

D.租出固定资产的改建支出

19.企业在生产经营活动中,按规定可以扣除的利息支出有(　　)。

A.非金融企业营业机构借款的利息支出

B.企业经批准发行债券的利息支出

C.金融企业的各项存款利息支出

D.非金融企业向金融企业借款的利息支出

20.企业发生的广告费和业务宣传费支出,不超过当年销售(营业)收入30％的部分,准予扣除的企业有(　　)。

A.化妆品制造与销售企业　　　　　　B.医药制造企业

C.饮料制造企业　　　　　　　　　　D.酒类制造企业

21.企业计算应税所得额时允许扣除的有(　　)。

A.企业发生的合理的劳动保护支出

B.对外担保支出

C.被司法机关没收的罚金

D.企业依照法律规定提取的用于环境保护的资金

22.以下符合固定资产的计税基础规定的有(　　)。

A.盘盈的固定资产以同类固定资产的重置完全价值为计税基础

B.捐赠方式取得的固定资产以该资产的公允价值和支付的相关税费为计税基础

C.非货币性资产交换方式取得的固定资产以换出资产的账面价值为计税基础

D.债务重组方式取得的固定资产以原债务价值为计税基础

23.利润表中的所得税费用包括(　　)。

A.应交税费　　　　　　　　　　　　B.当期所得税费用

C.递延所得税费用　　　　　　　　　D.前三项之和

24.可以扣除的期间费用包括(　　)。

A.销售(营业)费用　　　　　　　　　B.管理费用

C.财务费用　　　　　　　　　　　　D.营业外支出

25.以下属于收入类纳税调整增加所得额的项目有(　　)。

A.政府性基金收入　　　　　　　　　B.国债利息收入

C.接受捐赠收入　　　　　　　　　　D.视同销售收入

26.以下属于扣除类纳税调整减少所得额的项目有(　　)。

A.视同销售成本

B.不征税收入用于支出所形成的费用

C.按税法规定的加计扣除安置残疾人员所支付的工资

D.企业之间支付的管理费

27.下列( )不适用核定征收办法征收企业所得税。

A.汇总纳税企业　　　　　　　　B.上市公司

C.财务公司　　　　　　　　　　D.基层法律服务机构

28.非居民企业以收入全额为应纳税所得额的项目有( )。

A.利息所得　　　　　　　　　　B.租金所得

C.特许权使用费所得　　　　　　D.转让财产所得

29."递延所得税资产"账户借方登记( )。

A.资产负债表日递延所得税资产的应有余额小于其账面余额的差额

B.与直接计入所有者权益的交易或事项相关的递延所得税资产

C.企业合并中取得的资产、负债的入账价值与其计税基础不同形成可抵扣暂时性差异

D.资产负债表日递延所得税资产应有余额大于其账面余额的差额

30.下列属于应纳税暂时性差异产生的情形有( )。

A.资产的账面价值大于其计税基础　　B.资产的账面价值小于其计税基础

C.负债的账面价值小于其计税基础　　D.负债的账面价值大于其计税基础

(三)判断题

1.企业所得税法规定,缴纳企业所得税,按年计算,分月或者分季预缴。月份或者季度终了后 15 日内预缴,年度终了后 5 个月内汇算清缴,多退少补。( )

2.纳税人接受捐赠的实物资产,接受捐赠时不计入企业的应纳税所得额。( )

3.非营利组织从事营利性活动取得的收入属于非税收入,免征企业所得税。( )

4.企业为开发新技术、新产品、新工艺发生的研究开发费用,未形成无形资产计入当期损益的,在按照规定据实扣除的基础上,按照研究开发费用的 50% 加计扣除。( )

5.企业安置残疾人员的,在按照支付给残疾职工工资据实扣除的基础上,按照支付给残疾职工工资的 150% 加计扣除。( )

6.企业纳税年度发生的亏损,准予向以后年度结转,用以后年度的所得弥补,但结转年限最长不得超过五年。( )

7.增值税一般纳税人在计算企业所得税应纳税所得额时,可以一次扣除的税金包括印花税、消费税和增值税。( )

8.企业当期发生的固定资产和流动资产盘亏、毁损净损失,由其提供清查盘存资料,经主管税务机关审核后,准予扣除。( )

9.因债权人缘故确实无法支付的应付款项,应该计入纳税收入总额,计算缴纳企业所得税。( )

10.某公司弥补以前年度亏损后还剩下 10 万元,则按微利企业所得税率 20% 缴税。( )

11.企业已经作为损失处理的资产,在以后纳税年度又全部收回或者部分收回时,不应当计入当期收入。( )

12.企业缴纳的房产税、车船税、土地使用税、印花税等,已经计入管理费中扣除的,不

再作销售税金单独扣除。（　　）

13.业务招待费按照发生额的 60％ 扣除,但最高不得超过当年销售(营业)收入的 5‰。（　　）

14.广告费和业务宣传费不超过当年销售(营业)收入 15％ 的部分,准予扣除;超过部分,不准予在以后纳税年度结转扣除。（　　）

15.公益性捐赠不超过年度应纳税所得额 12％ 的部分,准予扣除。（　　）

16.房屋、建筑物折旧的最低年限为 30 年。（　　）

17.无形资产的摊销年限不得低于 10 年。（　　）

18.其他应当作为长期待摊费用的支出,自支出发生月份的次月起,分期摊销,摊销年限不得低于 3 年。（　　）

19.国家规划布局内的重点软件企业和集成电路设计企业,如当年未享受免税优惠的,可减按 10％ 的税率征收企业所得税。（　　）

20.集成电路生产企业的生产设备,其折旧年限可以适当缩短,最短可为 2 年(含)。（　　）

21.对投资者从证券投资基金分配中取得的收入,征收企业所得税。（　　）

22.烟草企业的烟草广告费和业务宣传费支出,一律不得在计算应纳税所得额时扣除。（　　）

23.企业在汇总计算缴纳企业所得税时,其境外营业机构的亏损可以抵减境内营业机构的盈利。（　　）

24.按权益法核算的长期股权投资持有期间的投资损益,如果会计确认的损益大于按税法确认的股息、红利,则应调增应纳税所得额。（　　）

25.居民企业来源于中国境外的应税所得在境外缴纳的所得税税额,可以从其当期应纳税额中抵免,抵免限额为该项所得依照所得税法规定计算的应纳税额。（　　）

26.实行应税所得率方式核定征收企业所得税的纳税人,经营多业的,无论其经营项目是否单独核算,均由税务机关根据其主营项目确定适用的应税所得率。（　　）

27.企业确认递延所得税负债发生时,借记"递延所得税负债"账户,贷记"所得税费用——递延所得税费用"账户。（　　）

28.与直接计入所有者权益的交易或事项相关的递延所得税负债,借记"资本公积——其他资本公积"账户,贷记"递延所得税负债"账户。（　　）

29.负债的计税基础是指负债的账面价值减去未来期间计算应税所得时按照税法规定可予抵扣的金额,即未来可以扣税的负债价值。（　　）

30.一项资产的账面价值为 200 万元,计税基础为 260 万元,形成应纳税暂时性差异。（　　）

二、业务技能实训

(一)查账征收企业所得税的纳税实训

1.企业基本情况:

双利集团公司属有限责任公司,增值税一般纳税人,税率 17％,具有出口经营权,出口退税率 11%。

法定代表人:郝郑迁

企业地址及电话:北京市光华路 88 号　65554466

企业所属行业:制造业(生产销售不锈钢制品)

开户银行及账号:工行光华路分理处　33010220090115503954

纳税人识别号:11010000010001

财务会计负责人:刘光,纳税员:周天

2.公司 2015 年度取得销售收入 10 000 万元,销售成本 4 000 万元,销售费用 300 万元,管理费用 500 万元,财务费用 60 万元(全部为借款利息),营业税金及附加 240 万元,营业外收入 600 万元,营业外支出 700 万元,投资收益 100 万元,公允价值变动损益 200 万元,资产减值损失 300 万元。利润表中利润总额为 4 800 万元,该公司适用的所得税税率为 25%。递延所得税资产及递延所得税负债不存在期初余额,与所得税核算有关的情况如下:

(1)1 月开始计提折旧的一项固定资产,成本为 1 500 万元,使用年限为 10 年,净残值为 0,会计处理按双倍余额递减法计提折旧,税收处理按直线法计提折旧。假定税法规定的使用年限及净残值与会计规定相同。

(2)向关联企业捐赠现金 500 万元,记入"营业外支出"账户。假定按照税法规定,企业向关联方的捐赠不允许税前扣除。

(3)交易性金融资产入账价值 1 000 万元,税法计税基础 1 000 万元,期末公允价值增加了 200 万元,记入"公允价值变动损益"账户。

(4)违反环保法规定应支付罚款 250 万元,记入"营业外支出"账户。

(5)期末对持有的存货计提了 300 万元的存货跌价准备。

(6)12 月工资 200 万元,尚未支付。

(7)企业当期为开发新技术发生研发支出 200 万元,记入"管理费用"账户。

(8)销售产品承诺保修 3 年,计提了 50 万元的预计负债,记入"销售费用"账户。

(9)本年度发生广告费 100 万元,记入"销售费用"账户。

(10)业务招待费支出 100 万元,记入"管理费用"账户。

(11)1 月 1 日向银行借款 1 000 万元,年利率 6%,其中 500 万元用于车间的基建工程,工程在 8 月 31 日完工交付使用;500 万元用于生产经营。

(12)购买国债,利息 80 万元。

3.要求:

(1)计算该公司应缴纳的企业所得税。

(2)计算企业所得税的账务处理。

(3)填写企业所得税年度纳税申报表及附表。

中华人民共和国企业所得税年度纳税申报表（A类）

行次	类别	项　目	金　额
1		一、营业收入(填写 A101010\101020\103000)	
2		减:营业成本(填写 A102010\102020\103000)	
3		营业税金及附加	
4		销售费用(填写 A104000)	
5	利润	管理费用(填写 A104000)	
6	总额	财务费用(填写 A104000)	
7	计算	资产减值损失	
8		加:公允价值变动收益	
9		投资收益	
10		二、营业利润(1-2-3-4-5-6-7+8+9)	
11		加:营业外收入(填写 A101010\101020\103000)	
12		减:营业外支出(填写 A102010\102020\103000)	
13		三、利润总额(10+11-12)	
14		减:境外所得(填写 A108010)	
15		加:纳税调整增加额(填写 A105000)	
16		减:纳税调整减少额(填写 A105000)	
17	应纳	减:免税、减计收入及加计扣除(填写 A107010)	
18	税所	加:境外应税所得抵减境内亏损(填写 A108000)	
19	得额	四、纳税调整后所得(13-14+15-16-17+18)	
20	计算	减:所得减免(填写 A107020)	
21		减:抵扣应纳税所得额(填写 A107030)	
22		减:弥补以前年度亏损(填写 A106000)	
23		五、应纳税所得额(19-20-21-22)	
24		税率(25%)	
25		六、应纳所得税额(23×24)	
26		减:减免所得税额(填写 A107040)	
27		减:抵免所得税额(填写 A107050)	
28		七、应纳税额(25-26-27)	
29	应纳	加:境外所得应纳所得税额(填写 A108000)	
30	税额	减:境外所得抵免所得税额(填写 A108000)	
31	计算	八、实际应纳所得税额(28+29-30)	
32		减:本年累计实际已预缴的所得税额	
33		九、本年应补(退)所得税额(31-32)	
34		其中:总机构分摊本年应补(退)所得税额(填写 A109000)	
35		财政集中分配本年应补(退)所得税额(填写 A109000)	
36		总机构主体生产经营部门分摊本年应补(退)所得税额(填写 A109000)	
37	附列	以前年度多缴的所得税额在本年抵减额	
38	资料	以前年度应缴未缴在本年入库所得税额	

A101010

一般企业收入明细表

行次	项 目	金 额
1	一、营业收入(2+9)	
2	(一)主营业务收入(3+5+6+7+8)	
3	1.销售商品收入	
4	其中:非货币性资产交换收入	
5	2.提供劳务收入	
6	3.建造合同收入	
7	4.让渡资产使用权收入	
8	5.其他	
9	(二)其他业务收入(10+12+13+14+15)	
10	1.销售材料收入	
11	其中:非货币性资产交换收入	
12	2.出租固定资产收入	
13	3.出租无形资产收入	
14	4.出租包装物和商品收入	
15	5.其他	
16	二、营业外收入(17+18+19+20+21+22+23+24+25+26)	
17	(一)非流动资产处置利得	
18	(二)非货币性资产交换利得	
19	(三)债务重组利得	
20	(四)政府补助利得	
21	(五)盘盈利得	
22	(六)捐赠利得	
23	(七)罚没利得	
24	(八)确实无法偿付的应付款项	
25	(九)汇兑收益	
26	(十)其他	

A105000

纳税调整项目明细表

行次	项 目	账载金额	税收金额	调增金额	调减金额
		1	2	3	4
1	一、收入类调整项目(2+3+4+5+6+7+8+10+11)	*	*		
2	(一)视同销售收入(填写 A105010)	*			*
3	(二)未按权责发生制原则确认的收入(填写 A105020)				
4	(三)投资收益(填写 A105030)				
5	(四)按权益法核算长期股权投资对初始投资成本调整确认收益	*	*	*	
6	(五)交易性金融资产初始投资调整	*	*		*
7	(六)公允价值变动净损益		*		
8	(七)不征税收入	*	*		
9	其中:专项用途财政性资金(填写 A105040)	*	*		
10	(八)销售折扣、折让和退回				
11	(九)其他				
12	二、扣除类调整项目 (13+14+15+16+17+18+19+20+21+22+23+24+26+27+28+29)	*	*		
13	(一)视同销售成本(填写 A105010)	*		*	
14	(二)职工薪酬(填写 A105050)				
15	(三)业务招待费支出				*
16	(四)广告费和业务宣传费支出(填写 A105060)	*	*		
17	(五)捐赠支出(填写 A105070)				*
18	(六)利息支出				
19	(七)罚金、罚款和被没收财物的损失		*		*
20	(八)税收滞纳金、加收利息		*		*
21	(九)赞助支出		*		
22	(十)与未实现融资收益相关在当期确认的财务费用				
23	(十一)佣金和手续费支出				*
24	(十二)不征税收入用于支出所形成的费用	*	*		*
25	其中:专项用途财政性资金用于支出所形成的费用(填写 A105040)	*	*		*

（续表）

行次	项 目	账载金额 1	税收金额 2	调增金额 3	调减金额 4
26	（十三）跨期扣除项目				
*27	（十四）与取得收入无关的支出			*	
*28	（十五）境外所得分摊的共同支出			* *	
29	（十六）其他				
*30	三、资产类调整项目(31＋32＋33＋34)			*	
31	（一）资产折旧、摊销（填写 A105080）				
*32	（二）资产减值准备金				
33	（三）资产损失（填写 A105090）				
34	（四）其他				
35	四、特殊事项调整项目(36＋37＋38＋39＋40)	*	*		
36	（一）企业重组（填写 A105100）				
37	（二）政策性搬迁（填写 A105110）	*	*		
38	（三）特殊行业准备金（填写 A105120）				
39	（四）房地产开发企业特定业务计算的纳税调整额（填写 A105010）	*			
40	（五）其他	*	*		
41	五、特别纳税调整应税所得	*	*		
42	六、其他	*	*		
43	合计(1＋12＋30＋35＋41＋42)	*	*		

填表说明：

A100000《中华人民共和国企业所得税年度纳税申报表（A 类）》填报说明

本表为年度纳税申报表主表，企业应该根据《中华人民共和国企业所得税法》及其实施条例（以下简称税法）、相关税收政策，以及国家统一会计制度（企业会计准则、小企业会计准则、企业会计制度、事业单位会计准则和民间非营利组织会计制度等）的规定，计算填报纳税人利润总额、应纳税所得额、应纳税额和附列资料等有关项目。

企业在计算应纳税所得额及应纳所得税时，企业财务、会计处理办法与税法规定不一致的，应当按照税法规定计算。税法规定不明确的，在没有明确规定之前，暂按企业财务、会计规定计算。

一、有关项目填报说明

（一）表体项目

本表是在纳税人会计利润总额的基础上，加减纳税调整等金额后计算出"纳税调整后所得"（应纳税所得额）。会计与税法的差异（包括收入类、扣除类、资产类等差异）通过《纳税调整项目明细表》（A105000）集中填报。

本表包括利润总额计算、应纳税所得额计算、应纳税额计算、附列资料四个部分。

1."利润总额计算"中的项目,按照国家统一会计制度口径计算填报。实行企业会计准则、小企业会计准则、企业会计制度、分行业会计制度纳税人其数据直接取自利润表;实行事业单位会计准则的纳税人其数据取自收入支出表;实行民间非营利组织会计制度纳税人其数据取自业务活动表;实行其他国家统一会计制度的纳税人,根据本表项目进行分析填报。

2."应纳税所得额计算"和"应纳税额计算"中的项目,除根据主表逻辑关系计算的外,通过附表相应栏次填报。

(二)行次说明

第1~13行参照企业会计准则利润表的说明编写。

1.第1行"营业收入":填报纳税人主要经营业务和其他经营业务取得的收入总额。本行根据"主营业务收入"和"其他业务收入"的数额填报。一般企业纳税人通过《一般企业收入明细表》(A101010)填报;金融企业纳税人通过《金融企业收入明细表》(A101020)填报;事业单位、社会团体、民办非企业单位、非营利组织等纳税人通过《事业单位、民间非营利组织收入、支出明细表》(A103000)填报。

2.第2行"营业成本"项目:填报纳税人主要经营业务和其他经营业务发生的成本总额。本行根据"主营业务成本"和"其他业务成本"的数额填报。一般企业纳税人通过《一般企业成本支出明细表》(A102010)填报;金融企业纳税人通过《金融企业支出明细表》(A102020)填报;事业单位、社会团体、民办非企业单位、非营利组织等纳税人,通过《事业单位、民间非营利组织收入、支出明细表》(A103000)填报。

3.第3行"营业税金及附加":填报纳税人经营活动发生的营业税、消费税、城市维护建设税、资源税、土地增值税和教育费附加等相关税费。本行根据纳税人相关会计科目填报。纳税人在其他会计科目核算的本行不得重复填报。

4.第4行"销售费用":填报纳税人在销售商品和材料、提供劳务的过程中发生的各种费用。本行通过《期间费用明细表》(A104000)中对应的"销售费用"填报。

5.第5行"管理费用":填报纳税人为组织和管理企业生产经营发生的管理费用。本行通过《期间费用明细表》(A104000)中对应的"管理费用"填报。

6.第6行"财务费用":填报纳税人为筹集生产经营所需资金等发生的筹资费用。本行通过《期间费用明细表》(A104000)中对应的"财务费用"填报。

7.第7行"资产减值损失":填报纳税人计提各项资产准备发生的减值损失。本行根据企业"资产减值损失"科目上的数额填报。实行其他会计准则等的比照填报。

8.第8行"公允价值变动收益":填报纳税人在初始确认时划分为以公允价值计量且其变动计入当期损益的金融资产或金融负债(包括交易性金融资产或负债,直接指定为以公允价值计量且其变动计入当期损益的金融资产或金融负债),以及采用公允价值模式计量的投资性房地产、衍生工具和套期业务中公允价值变动形成的应计入当期损益的利得或损失。本行根据企业"公允价值变动损益"科目的数额填报。(损失以"一"号填列)

9.第9行"投资收益":填报纳税人以各种方式对外投资确认所取得的收益或发生的损失。根据企业"投资收益"科目的数额计算填报;实行事业单位会计准则的纳税人根据"其他收入"科目中的投资收益金额分析填报(损失以"一"号填列)。实行其他会计准则等的比照填报。

10.第10行"营业利润":填报纳税人当期的营业利润。根据上述项目计算填列。

11.第11行"营业外收入":填报纳税人取得的与其经营活动无直接关系的各项收入的金额。一般企业纳税人通过《一般企业收入明细表》(A101010)填报;金融企业纳税人通过《金融企业收入明细表》(A101020)填报;实行事业单位会计准则或民间非营利组织会计制度的纳税人通过《事业单位、民间非营利组织收入、支出明细表》(A103000)填报。

12.第12行"营业外支出":填报纳税人发生的与其经营活动无直接关系的各项支出的金额。一般企业纳税人通过《一般企业成本支出明细表》(A102010)填报;金融企业纳税人通过《金融企业支出明细表》(A102020)填报;实行事业单位会计准则或民间非营利组织会计制度的纳税人通过《事业单位、民间非营利组织收入、支出明细表》(A103000)填报。

13.第13行"利润总额":填报纳税人当期的利润总额。根据上述项目计算填列。

14.第14行"境外所得":填报纳税人发生的分国(地区)别取得的境外税后所得计入利润总额的金额。填报《境外所得纳税调整后所得明细表》(A108010)第14列减去第11列的差额。

15.第15行"纳税调整增加额":填报纳税人会计处理与税收规定不一致,进行纳税调整增加的金额。本行通过《纳税调整项目明细表》(A105000)"调增金额"列填报。

16.第16行"纳税调整减少额":填报纳税人会计处理与税收规定不一致,进行纳税调整减少的金额。本行通过《纳税调整项目明细表》(A105000)"调减金额"列填报。

17.第17行"免税、减计收入及加计扣除":填报属于税法规定免税收入、减计收入、加计扣除金额。本行通过《免税、减计收入及加计扣除优惠明细表》(A107010)填报。

18.第18行"境外应税所得抵减境内亏损":填报纳税人根据税法规定,选择用境外所得抵减境内亏损的数额。本行通过《境外所得税收抵免明细表》(A108000)填报。

19.第19行"纳税调整后所得":填报纳税人经过纳税调整、税收优惠、境外所得计算后的所得额。

20.第20行"所得减免":填报属于税法规定所得减免金额。本行通过《所得减免优惠明细表》(A107020)填报,本行<0时,填写负数。

21.第21行"抵扣应纳税所得额":填报根据税法规定应抵扣的应纳税所得额。本行通过《抵扣应纳税所得额明细表》(A107030)填报。

22.第22行"弥补以前年度亏损":填报纳税人按照税法规定可在税前弥补的以前年度亏损的数额,本行根据《企业所得税弥补亏损明细表》(A106000)填报。

23.第23行"应纳税所得额":金额等于本表第19-20-21-22行计算结果。本行不得为负数。本表第19行或者按照上述行次顺序计算结果本行为负数,本行金额填零。

24.第24行"税率":填报税法规定的税率25%。

25.第25行"应纳所得税额":金额等于本表第23×24行。

26.第26行"减免所得税额":填报纳税人按税法规定实际减免的企业所得税额。本行通过《减免所得税优惠明细表》(A107040)填报。

27.第27行"抵免所得税额":填报企业当年的应纳所得税额中抵免的金额。本行通过《税额抵免优惠明细表》(A107050)填报。

28.第28行"应纳税额":金额等于本表第25-26-27行。

29.第29行"境外所得应纳所得税额":填报纳税人来源于中国境外的所得,按照我国税法规定计算的应纳所得税额。本行通过《境外所得税收抵免明细表》(A108000)填报。

30.第30行"境外所得抵免所得税额":填报纳税人来源于中国境外所得依照中国境外税收法律以及相关规定应缴纳并实际缴纳(包括视同已实际缴纳)的企业所得税性质的税款(准予抵免税款)。本行通过《境外所得税收抵免明细表》(A108000)填报。

31.第31行"实际应纳所得税额":填报纳税人当期的实际应纳所得税额。金额等于本表第28+29-30行。

32.第32行"本年累计实际已预缴的所得税额":填报纳税人按照税法规定本纳税年度已在月(季)度累计预缴的所得税额,包括按照税法规定的特定业务已预缴(征)的所得税额,建筑企业总机构直接管理的跨地区设立的项目部按规定向项目所在地主管税务机关预缴的所得税额。

33.第 33 行"本年应补(退)的所得税额":填报纳税人当期应补(退)的所得税额。金额等于本表第 31－32 行。

34.第 34 行"总机构分摊本年应补(退)所得税额":填报汇总纳税的总机构按照税收规定在总机构所在地分摊本年应补(退)所得税款。本行根据《跨地区经营汇总纳税企业年度分摊企业所得税明细表》(A109000)填报。

35.第 35 行"财政集中分配本年应补(退)所得税额":填报汇总纳税的总机构按照税收规定财政集中分配本年应补(退)所得税款。本行根据《跨地区经营汇总纳税企业年度分摊企业所得税明细表》(A109000)填报。

36.第 36 行"总机构主体生产经营部门分摊本年应补(退)所得税额":填报汇总纳税的总机构所属的具有主体生产经营职能的部门按照税收规定应分摊的本年应补(退)所得税额。本行根据《跨地区经营汇总纳税企业年度分摊企业所得税明细表》(A109000)填报。

37.第 37 行"以前年度多缴的所得税额在本年抵减额":填报纳税人以前纳税年度汇算清缴多缴的税款尚未办理退税、并在本纳税年度抵缴的所得税额。

38.第 38 行"以前年度应缴未缴在本年入库所得额":填报纳税人以前纳税年度应缴未缴在本纳税年度入库所得税额。

二、表内、表间关系

(一)表内关系

1.第 10 行＝第 1－2－3－4－5－6－7＋8＋9 行。

2.第 13 行＝第 10＋11－12 行。

3.第 19 行＝第 13－14＋15－16－17＋18 行。

4.第 23 行＝第 19－20－21－22 行。

5.第 25 行＝第 23×24 行。

6.第 28 行＝第 25－26－27 行。

7.第 31 行＝第 28＋29－30 行。

8.第 33 行＝第 31－32 行。

(二)表间关系

1.第 1 行＝表 A101010 第 1 行或表 A101020 第 1 行或表 A103000 第 2＋3＋4＋5＋6 行或表 A103000 第 11＋12＋13＋14＋15 行。

2.第 2 行＝表 A102010 第 1 行或表 A102020 第 1 行或表 A103000 第 19＋20＋21＋22 行或表 A103000 第 25＋26＋27 行。

3.第 4 行＝表 A104000 第 25 行第 1 列。

4.第 5 行＝表 A104000 第 25 行第 3 列。

5.第 6 行＝表 A104000 第 25 行第 5 列。

6.第 11 行＝表 A101010 第 16 行或表 A101020 第 35 行或表 A103000 第 9 行或第 17 行。

7.第 12 行＝表 A102010 第 16 行或表 A102020 第 33 行或表 A103000 第 23 行或第 28 行。

8.第 14 行＝表 A108010 第 10 行第 14 列－第 11 列。

9.第 15 行＝表 A105000 第 43 行第 3 列。

10.第 16 行＝表 A105000 第 43 行第 4 列。

11.第 17 行＝表 A107010 第 27 行。

12.第18行＝表 A108000 第10行第6列。（当本表第 13－14＋15－16－17 行≥0 时,本行＝0）。

13.第20行＝表 A107020 第40行第7列。

14.第21行＝表 A107030 第7行。

15.第22行＝表 A106000 第6行第10列。

16.第26行＝表 A107040 第29行。

17.第27行＝表 A107050 第7行第11列。

18.第29行＝表 A108000 第10行第9列。

19.第30行＝表 A108000 第10行第19列。

20.第34行＝表 A109000 第12＋16行。

21.第35行＝表 A109000 第13行。

22.第36行＝表 A109000 第15行。

A101010《一般企业收入明细表》填报说明

本表适用于执行除事业单位会计准则、非营利企业会计制度以外的其他国家统一会计制度的非金融居民纳税人填报。纳税人应根据国家统一会计制度的规定,填报"主营业务收入"、"其他业务收入"和"营业外收入"。

一、有关项目填报说明

1.第1行"营业收入":根据主营业务收入、其他业务收入的数额计算填报。

2.第2行"主营业务收入":根据不同行业的业务性质分别填报纳税人核算的主营业务收入。

3.第3行"销售商品收入":填报从事工业制造、商品流通、农业生产以及其他商品销售的纳税人取得的主营业务收入。房地产开发企业销售开发产品(销售未完工开发产品除外)取得的收入也在此行填报。

4.第4行"其中:非货币性资产交换收入":填报纳税人发生的非货币性资产交换按照国家统一会计制度应确认的主营业务收入。

5.第5行"提供劳务收入":填报纳税人从事建筑安装、修理修配、交通运输、仓储租赁、邮电通信、咨询经纪、文化体育、科学研究、技术服务、教育培训、餐饮住宿、中介代理、卫生保健、社区服务、旅游、娱乐、加工以及其他劳务活动取得的主营业务收入。

6.第6行"建造合同收入":填报纳税人建造房屋、道路、桥梁、水坝等建筑物,以及生产船舶、飞机、大型机械设备等取得的主营业务收入。

7.第7行"让渡资产使用权收入":填报纳税人在主营业务收入核算的,让渡无形资产使用权而取得的使用费收入以及出租固定资产、无形资产、投资性房地产取得的租金收入。

8.第8行"其他":填报纳税人按照国家统一会计制度核算、上述未列举的其他主营业务收入。

9.第9行:"其他业务收入":填报根据不同行业的业务性质分别填报纳税人核算的其他业务收入。

10.第10行"材料销售收入":填报纳税人销售材料、下脚料、废料、废旧物资等取得的收入。

11.第11行"其中:非货币性资产交换收入":填报纳税人发生的非货币性资产交换按照国家统一会计制度应确认的其他业务收入。

12.第12行"出租固定资产收入":填报纳税人将固定资产使用权让与承租人获取的其他业务收入。

13.第13行"出租无形资产收入":填报纳税人让渡无形资产使用权取得的其他业务收入。

14.第14行"出租包装物和商品收入":填报纳税人出租、出借包装物和商品取得的其他业务收入。

15.第15行"其他":填报纳税人按照国家统一会计制度核算、上述未列举的其他业务收入。

16.第16行"营业外收入"：填报纳税人计入本科目核算的与生产经营无直接关系的各项收入。

17.第17行"非流动资产处置利得"：填报纳税人处置固定资产、无形资产等取得的净收益。

18.第18行"非货币性资产交换利得"：填报纳税人发生非货币性资产交换应确认的净收益。

19.第19行"债务重组利得"：填报纳税人发生的债务重组业务确认的净收益。

20.第20行"政府补助利得"：填报纳税人从政府无偿取得货币性资产或非货币性资产应确认的净收益。

21.第21行"盘盈利得"：填报纳税人在清查财产过程中查明的各种财产盘盈应确认的净收益。

22.第22行"捐赠利得"：填报纳税人接受的来自企业、组织或个人无偿给予的货币性资产、非货币性资产捐赠应确认的净收益。

23.第23行"罚没利得"：填报纳税人在日常经营管理活动中取得的罚款、没收收入应确认的净收益。

24.第24行"确实无法偿付的应付款项"：填报纳税人因确实无法偿付的应付款项而确认的收入。

25.第25行"汇兑收益"：填报纳税人取得企业外币货币性项目因汇率变动形成的收益应确认的收入。（该项目为执行小企业准则企业填报）

26.第26行"其他"：填报纳税人取得的上述项目未列举的其他营业外收入，包括执行《企业会计准则》纳税人按权益法核算长期股权投资对初始投资成本调整确认的收益，执行《小企业会计准则》纳税人取得的出租包装物和商品的租金收入、逾期未退包装物押金收入等。

二、表内、表间关系

（一）表内关系

1.第1行＝第2＋9行。

2.第2行＝第3＋5＋6＋7＋8行。

3.第9行＝第10＋12＋13＋14＋15行。

4.第16行＝第17＋18＋19＋20＋21＋22＋23＋24＋25＋26行。

（二）表间关系

1.第1行＝表A100000第1行。

2.第16行＝表A100000第11行。

A102010《一般企业成本支出明细表》填报说明

本表适用于执行除事业单位会计准则、非营利企业会计制度以外的其它国家统一会计制度的查账征收企业所得税非金融居民纳税人填报。纳税人应根据国家统一会计制度的规定，填报"主营业务成本"、"其他业务成本"和"营业外支出"。

一、有关项目填报说明

1.第1行"营业成本"：填报纳税人主要经营业务和其他经营业务发生的成本总额。本行根据"主营业务成本"和"其他业务成本"的数额计算填报。

2.第2行"主营业务成本"：根据不同行业的业务性质分别填报纳税人核算的主营业务成本。

3.第3行"销售商品成本"：填报从事工业制造、商品流通、农业生产以及其他商品销售企业发生的主营业务成本。房地产开发企业销售开发产品（销售未完工开发产品除外）发生的成本也在此行填报。

4.第4行"其中：非货币性资产交换成本"：填报纳税人发生的非货币性资产交换按照国家统一会计制度应确认的主营业务成本。

5.第 5 行"提供劳务成本"：填报纳税人从事建筑安装、修理修配、交通运输、仓储租赁、邮电通信、咨询经纪、文化体育、科学研究、技术服务、教育培训、餐饮住宿、中介代理、卫生保健、社区服务、旅游、娱乐、加工以及其他劳务活动发生的主营业务成本。

6.第 6 行"建造合同成本"：填报纳税人建造房屋、道路、桥梁、水坝等建筑物，以及生产船舶、飞机、大型机械设备等发生的主营业务成本。

7.第 7 行"让渡资产使用权成本"：填报纳税人在主营业务成本核算的，让渡无形资产使用权而发生的使用费成本以及出租固定资产、无形资产、投资性房地产发生的租金成本。

8.第 8 行"其他"：填报纳税人按照国家统一会计制度核算、上述未列举的其他主营业务成本。

9.第 9 行"其他业务成本"：根据不同行业的业务性质分别填报纳税人按照国家统一会计制度核算的其他业务成本。

10.第 10 行"材料销售成本"：填报纳税人销售材料、下脚料、废料、废旧物资等发生的成本。

11.第 11 行"非货币性资产交换成本"：填报纳税人发生的非货币性资产交换按照国家统一会计制度应确认的其他业务成本。

12.第 12 行"出租固定资产成本"：填报纳税人将固定资产使用权让与承租人形成的出租固定资产成本。

13.第 13 行"出租无形资产成本"：填报纳税人让渡无形资产使用权形成的出租无形资产成本。

14.第 14 行"包装物出租成本"：填报纳税人出租、出借包装物形成的包装物出租成本。

15.第 15 行"其他"：填报纳税人按照国家统一会计制度核算，上述未列举的其他业务成本。

16.第 16 行"营业外支出"：填报纳税人计入本科目核算的与生产经营无直接关系的各项支出。

17.第 17 行"非流动资产处置损失"：填报纳税人处置非流动资产形成的净损失。

18.第 18 行"非货币性资产交换损失"：填报纳税人发生非货币性资产交换应确认的净损失。

19.第 19 行"债务重组损失"：填报纳税人进行债务重组应确认的净损失。

20.第 20 行"非常损失"：填报纳税人在营业外支出中核算的各项非正常的财产损失。

21.第 21 行"捐赠支出"：填报纳税人无偿给予其他企业、组织或个人的货币性资产、非货币性资产的捐赠支出。

22.第 22 行"赞助支出"：填报纳税人发生的货币性资产、非货币性资产赞助支出。

23.第 23 行"罚没支出"：填报纳税人在日常经营管理活动中对外支付的各项罚没支出。

24.第 24 行"坏账损失"：填报纳税人发生的各项坏账损失。（该项目为使用小企业准则企业填报）

25.第 25 行"无法收回的债券股权投资损失"：填报纳税人各项无法收回的债券股权投资损失。（该项目为使用小企业准则企业填报）

26.第 26 行"其他"：填报纳税人本期实际发生的在营业外支出核算的其他损失及支出。

二、表内、表间关系

（一）表内关系

1.第 1 行＝第 2＋9 行。

2.第 2 行＝第 3＋5＋6＋7＋8 行。

3.第 9 行＝第 10＋12＋13＋14＋15 行。

4.第 16 行＝第 17＋18＋…＋26 行。

（二）表间关系

1.第 1 行＝表 A100000 第 2 行。

2.第 16 行＝表 A100000 第 12 行。

A104000《期间费用明细表》填报说明

本表适用于执行企业会计准则、小企业会计准则、企业会计制度、分行业会计制度的查账征收居民纳税人填报。纳税人应根据企业会计准则、小企业会计准则、企业会计、分行业会计制度规定,填报"销售费用"、"管理费用"和"财务费用"等项目。

一、有关项目填报说明

1.第 1 列"销售费用":填报在销售费用科目进行核算的相关明细项目的金额,其中金融企业填报在业务及管理费科目进行核算的相关明细项目的金额。

2.第 2 列"其中:境外支付":填报在销售费用科目进行核算的向境外支付的相关明细项目的金额,其中金融企业填报在业务及管理费科目进行核算的相关明细项目的金额。

3.第 3 列"管理费用":填报在管理费用科目进行核算的相关明细项目的金额。

4.第 4 列"其中:境外支付":填报在管理费用科目进行核算的向境外支付的相关明细项目的金额。

5.第 5 列"财务费用":填报在财务费用科目进行核算的有关明细项目的金额。

6.第 6 列"其中:境外支付":填报在财务费用科目进行核算的向境外支付的有关明细项目的金额。

7.1 至 24 行:根据费用科目核算的具体项目金额进行填报,如果贷方发生额大于借方发生额,应填报负数。

8.第 25 行第 1 列:填报第 1 行至 24 行第 1 列的合计数。

9.第 25 行第 2 列:填报第 1 行至 24 行第 2 列的合计数。

10.第 25 行第 3 列:填报第 1 行至 24 行第 3 列的合计数。

11.第 25 行第 4 列:填报第 1 行至 24 行第 4 列的合计数。

12.第 25 行第 5 列:填报第 1 行至 24 行第 5 列的合计数。

13.第 25 行第 6 列:填报第 1 行至 24 行第 6 列的合计数。

二、表内、表间关系

(一)表内关系

1.第 25 行第 1 列=第 1 列第 1+2+…+20+24 行。

2.第 25 行第 2 列=第 2 列第 2+3+6+11+15+16+18+19+24 行。

3.第 25 行第 3 列=第 3 列第 1+2+…+20+24 行。

4.第 25 行第 4 列=第 4 列第 2+3+6+11+15+16+18+19+24 行。

5.第 25 行第 5 列=第 5 列第 6+21+22+23+24 行。

6.第 25 行第 6 列=第 6 列第 6+21+22+24 行。

(二)表间关系

1.第 25 行第 1 列=表 A100000 第 4 行。

2.第 25 行第 3 列=表 A100000 第 5 行。

3.第 25 行第 5 列=表 A100000 第 6 行。

A105000《纳税调整项目明细表》填报说明

本表适用于会计处理与税法规定不一致需纳税调整的纳税人填报。纳税人根据税法、相关税收政策,以及国家统一会计制度的规定,填报会计处理、税法规定,以及纳税调整情况。

一、有关项目填报说明

本表纳税调整项目按照"收入类调整项目"、"扣除类调整项目"、"资产类调整项目"、"特殊事项调整项目"、"特别纳税调整应税所得"、"其他"六大项分类填报汇总,并计算出纳税"调增金额"和"调减金额"的合计数。

数据栏分别设置"账载金额"、"税收金额"、"调增金额"、"调减金额"四个栏次。"账载金额"是指纳税人按照国家统一会计制度规定核算的项目金额。"税收金额"是指纳税人按照税法规定计算的项目金额。

"收入类调整项目":"税收金额"减"账载金额"后余额为正数的,填报在"调增金额",余额为负数的,将绝对值填报在"调减金额"。

"扣除类调整项目"、"资产类调整项目":"账载金额"减"税收金额"后余额为正数的,填报在"调增金额",余额为负数的,将其绝对值填报在"调减金额"。

"特殊事项调整项目"、"其他"分别填报税法规定项目的"调增金额"、"调减金额"。

"特别纳税调整应税所得":填报经特别纳税调整后的"调增金额"。

对需填报下级明细表的纳税调整项目,其"账载金额"、"税收金额""调增金额","调减金额"根据相应附表进行计算填报。

(一)收入类调整项目

1.第1行"一、收入类调整项目":根据第2行至第11行进行填报。

2.第2行"(一)视同销售收入":填报会计处理不确认为销售收入,税法规定确认应税收入的收入。根据《视同销售和房地产开发企业特定业务纳税调整明细表》(A105010)填报,第2列"税收金额"为表A105010第1行第1列金额;第3列"调增金额"为表A105010第1行第2列金额。

3.第3行"(二)未按权责发生制原则确认的收入":根据《未按权责发生制确认收入纳税调整明细表》(A105020)填报,第1列"账载金额"为表A105020第14行第2列金额;第2列"税收金额"为表A105020第14行第4列金额;表A105020第14行第6列,若≥0,填入本行第3列"调增金额";若<0,将绝对值填入本行第4列"调减金额"。

4.第4行"(三)投资收益":根据《投资收益纳税调整明细表》(A105030)填报,第1列"账载金额"为表A105030第10行第1+8列的金额;第2列"税收金额"为表A105030第10行第2+9列的金额;表A105030第10行第11列,若≥0,填入本行第3列"调增金额";若<0,将绝对值填入本行第4列"调减金额"。

5.第5行"(四)按权益法核算长期股权投资对初始投资成本调整确认收益":第4列"调减金额"填报纳税人采取权益法核算,初始投资成本小于取得投资时应享有被投资单位可辨认净资产公允价值份额的差额计入取得投资当期的营业外收入的金额。

6.第6行"(五)交易性金融资产初始投资调整":第3列"调增金额"填报纳税人根据税法规定确认交易性金融资产初始投资金额与会计核算的交易性金融资产初始投资账面价值的差额。

7.第7行"(六)公允价值变动净损益":第1列"账载金额"填报纳税人会计核算的以公允价值计量的金融资产、金融负债以及投资性房地产类项目,计入当期损益的公允价值变动金额;第1列<0,将绝对值填入第3列"调增金额";若第1列≥0,填入第4列"调减金额"。

8.第8行"(七)不征税收入":填报纳税人计入收入总额但属于税法规定不征税的财政拨款、依法收取并纳入财政管理的行政事业性收费以及政府性基金和国务院规定的其他不征税收入。第3列"调增金额"填报纳税人以前年度取得财政性资金且已作为不征税收入处理,在5年(60个月)内未发生支出且未缴回财政部门或其他拨付资金的政府部门,应计入应税收入额的金额;第4列"调减金额"填报符合税法规定不征税收入条件并作为不征税收入处理,且已计入当期损益的金额。

9.第9行"其中:专项用途财政性资金":根据《专项用途财政性资金纳税调整明细表》(A105040)填报。第3列"调增金额"为表A105040第7行第14列金额;第4列"调减金额"为表A105040第7行第4列金额。

10.第10行"(八)销售折扣、折让和退回":填报不符合税法规定的销售折扣和折让应进行纳税调整的金额,和发生的销售退回因会计处理与税法规定有差异需纳税调整的金额。第1列"账载金额"填报纳税人会计核算的销售折扣和折让金额及销货退回的追溯处理的净调整额。第2列"税收金额"填报根据税法规定可以税前扣除的折扣和折让的金额及销货退回业务影响当期损益的金额。第1列减第2列,若余额≥0,填入第3列"调增金额";若余额<0,将绝对值填入第4列"调减金额",第4列仅为销货退回影响损益的跨期时间性差异。

11.第11行"(九)其他":填报其他因会计处理与税法规定有差异需纳税调整的收入类项目金额。若第2列≥第1列,将第2-1列的余额填入第3列"调增金额",若第2列<第1列,将第2-1列余额的绝对值填入第4列"调减金额"。

(二)扣除类调整项目

12.第12行"二、扣除类调整项目":根据第13行至第29行填报。

13.第13行"(一)视同销售成本":填报会计处理不作为销售核算,税法规定作为应税收入的同时,确认的销售成本金额。根据《视同销售和房地产开发企业特定业务纳税调整明细表》(A105010)填报,第2列"税收金额"为表A105010第11行第1列金额;第4列"调减金额"为表A105010第11行第2列金额的绝对值。

14.第14行"(二)职工薪酬":根据《职工薪酬纳税调整明细表》(A105050)填报,第1列"账载金额"为表A105050第13行第1列金额;第2列"税收金额"为表A105050第13行第4列金额;表A105050第13行第5列,若≥0,填入本行第3列"调增金额";若<0,将绝对值填入本行第4列"调减金额"。

15.第15行"(三)业务招待费支出":第1列"账载金额"填报纳税人会计核算计入当期损益的业务招待费金额;第2列"税收金额"填报按照税法规定允许税前扣除的业务招待费支出的金额,即:"本行第1列×60%"与当年销售(营业收入)×5‰的孰小值;第3列"调增金额"为第1-2列金额。

16.第16行"(四)广告费和业务宣传费支出":根据《广告费和业务宣传费跨年度纳税调整明细表》(A105060)填报,表A105060第12行,若≥0,填入第3列"调增金额";若<0,将绝对值填入第4列"调减金额"。

17.第17行"(五)捐赠支出":根据《捐赠支出纳税调整明细表》(A105070)填报。第1列"账载金额"为表A105070第20行第2+6列金额;第2列"税收金额"为表A105070第20行第4列金额;第3列"调增金额"为表A105070第20行第7列金额。

18.第18行"(六)利息支出":第1列"账载金额"填报纳税人向非金融企业借款,会计核算计入当期损益的利息支出的金额;第2列"税收金额"填报按照税法规定允许税前扣除的利息支出的金额;若第1列≥第2列,将第1列减第2列余额填入第3列"调增金额",若第1列<第2列,将第1列减第2列余额的绝对值填入第4列"调减金额"。

19.第19行"(七)罚金、罚款和被没收财物的损失":第1列"账载金额"填报纳税人会计核算计入当期损益的罚金、罚款和被罚没财物的损失,不包括纳税人按照经济合同规定支付的违约金(包括银行罚息)、罚款和诉讼费;第3列"调增金额"等于第1列金额。

20.第20行"(八)税收滞纳金、加收利息":第1列"账载金额"填报纳税人会计核算计入当期损益的税收滞纳金、加收利息。第3列"调增金额"等于第1列金额。

21.第21行"(九)赞助支出":第1列"账载金额"填报纳税人会计核算计入当期损益的不符合税法规定的公益性捐赠的赞助支出的金额,包括直接向受赠人的捐赠、赞助支出等(不含广告性的赞助支出,广告性的赞助支出在表 A105060 中调整);第 3 列"调增金额"等于第 1 列金额。

22.第 22 行"(十)与未实现融资收益相关在当期确认的财务费用":第 1 列"账载金额"填报纳税人会计核算的与未实现融资收益相关并在当期确认的财务费用的金额;第 2 列"税收金额"填报按照税法规定允许税前扣除的金额;若第 1 列≥第 2 列,将第 1－2 列余额填入第 3 列"调增金额";若第 1 列＜第 2 列,将第 1－2 列余额的绝对值填入第 4 列"调减金额"。

23.第 23 行"(十一)佣金和手续费支出":第 1 列"账载金额"填报纳税人会计核算计入当期损益的佣金和手续费金额;第 2 列"税收金额"填报按照税法规定允许税前扣除的佣金和手续费支出金额;第 3 列"调增金额"为第 1－2 列的金额。

24.第 24 行"(十二)不征税收入用于支出所形成的费用":第 3 列"调增金额"填报符合条件的不征税收入用于支出所形成的计入当期损益的费用化支出金额。

25.第 25 行"其中:专项用途财政性资金用于支出所形成的费用":根据《专项用途财政性资金纳税调整明细表》(A105040)填报。第 3 列"调增金额"为表 A105040 第 7 行第 11 列金额。

26.第 26 行"(十三)跨期扣除项目":填报维简费、安全生产费、预提费用、预计负债等跨期扣除项目调整情况。第 1 列"账载金额"填报纳税人会计核算计入当期损益的跨期扣除项目金额;第 2 列"税收金额"填报按照税法规定允许税前扣除的金额;若第 1 列≥第 2 列,将第 1－2 列余额填入第 3 列"调增金额";若第 1 列＜第 2 列,将第 1－2 列余额的绝对值填入第 4 列"调减金额"。

27.第 27 行"(十四)与取得收入无关的支出":第 1 列"账载金额"填报纳税人会计核算计入当期损益的与取得收入无关的支出的金额。第 3 列"调增金额"等于第 1 列金额。

28.第 28 行"(十五)境外所得分摊的共同支出":第 3 列"调增金额",为《境外所得纳税调整后所得明细表》(A108010)第 10 行第 16＋17 列的金额。

29.第 29 行"(十六)其他":填报其他因会计处理与税法规定有差异需纳税调整的扣除类项目金额。若第 1 列≥第 2 列,将第 1－2 列余额填入第 3 列"调增金额";若第 1 列＜第 2 列,将第 1－2 列余额的绝对值填入第 4 列"调减金额"。

(三)资产类调整项目

30.第 30 行"三、资产类调整项目":填报资产类调整项目第 31 至 34 行的合计数。

31.第 31 行"(一)资产折旧、摊销":根据《资产折旧、摊销情况及纳税调整明细表》(A105080)填报。第 1 列"账载金额"为表 A105080 第 27 行第 2 列金额;第 2 列"税收金额"为表 A105080 第 27 行第 5＋6 列金额;表 A105080 第 27 行第 9 列,若≥0,填入本行第 3 列"调增金额";＜0,将绝对值填入本行第 4 列"调减金额"。

32.第 32 行"(二)资产减值准备金":填报坏账准备、存货跌价准备、理赔费用准备金等不允许税前扣除的各类资产减值准备金纳税调整情况。第 1 列"账载金额"填报纳税人会计核算计入当期损益的资产减值准备金金额(因价值恢复等原因转回的资产减值准备金应予以冲回);第 1 列,若≥0,填入第 3 列"调增金额";若＜0,将绝对值填入第 4 列"调减金额"。

33.第 33 行"(三)资产损失":根据《资产损失税前扣除及纳税调整明细表》(A105090)填报。第 1 列"账载金额"为表 A105090 第 14 行第 1 列金额;第 2 列"税收金额"为表 A105090 第 14 行第 2 列金额;表 A105090 第 14 行第 3 列,若≥0,填入本行第 3 列"调增金额";若＜0,将绝对值填入本行第 4 列"调减金额"。

34.第 34 行"(四)其他":填报其他因会计处理与税法规定有差异需纳税调整的资产类项目金额。若第 1 列≥第 2 列,将第 1－2 列余额填入第 3 列"调增金额";若第 1 列＜第 2 列,将第 1－2 列余额的绝对值填入第 4 列"调减金额"。

(四)特殊事项调整项目

35.第35行"四、特殊事项调整项目":填报特殊事项调整项目第36行至第40行的合计数。

36.第36行"(一)企业重组":根据《企业重组纳税调整明细表》(A105100)填报。第1列"账载金额"为表A105100第14行第1+4列金额;第2列"税收金额"为表A105100第14行第2+5列金额;表A105100第14行第7列,若≥0,填入本行第3列"调增金额";若<0,将绝对值填入本行第4列"调减金额"。

37.第37行"(二)政策性搬迁":根据《政策性搬迁纳税调整明细表》(A105110)填报。表A105110第24行,若≥0,填入本行第3列"调增金额";若<0,将绝对值填入本行第4列"调减金额"。

38.第38行"(三)特殊行业准备金":根据《特殊行业准备金纳税调整明细表》(A105120)填报。第1列"账载金额"为表A105120第30行第1列金额;第2列"税收金额"为表A105120第30行第2列金额;表A105120第30行第3列,若≥0,填入本行第3列"调增金额";若<0,将绝对值填入本行第4列"调减金额"。

39.第39行"(四)房地产开发企业特定业务计算的纳税调整额":根据《视同销售和房地产开发企业特定业务纳税调整明细表》(A105010)填报。第2列"税收金额"为表A105010第21行第1列金额;表A105010第21行第2列,若≥0,填入本行第3列"调增金额";若<0,将绝对值填入本行第4列"调减金额"。

40.第40行"(五)其他":填报其他因会计处理与税法规定有差异需纳税调整的特殊事项金额。

(五)特殊纳税调整所得项目

41.第41行"五、特别纳税调整应税所得":第3列"调增金额"填报纳税人按特别纳税调整规定自行调增的当年应税所得;第4列"调减金额"填报纳税人依据双边预约定价安排或者转让定价相应调整磋商结果的通知,需要调减的当年应税所得。

(六)其他

42.第42行"六、其他":其他会计处理与税法规定存在差异需纳税调整的项目金额。

43.第43行"合计":填报第1+12+30+35+41+42行的金额。

二、表内、表间关系

(一)表内关系

1.第1行=第2+3+4+5+6+7+8+10+11行。

2.第12行=第13+14+15…24+26+27+…29行。

3.第30行=第31+32+33+34行。

4.第35行=第36+37+38+39+40行。

5.第43行=第1+12+30+35+41+42行。

(二)表间关系

1.第2行第2列=表A105010第1行第1列;第2行第3列=表A105010第1行第2列。

2.第3行第1列=表A105020第14行第2列;第3行第2列=表A105020第14行第4列;若表A105020第14行第6列≥0,填入第3行第3列;若表A105020第14行第6列<0,将绝对值填入第3行第4列。

3.第4行第1列=表A105030第10行第1+8列;第4行第2列=表A105030第10行第2+9列;若表A105030第10行第11列≥0,填入第4行第3列;若表A105030第10行第11列<0,将绝对值填入第4行第4列。

4.第 9 行第 3 列＝表 A105040 第 7 行第 14 列;第 9 行第 4 列＝表 A105040 第 7 行第 4 列。

5.第 13 行第 2 列＝表 A105010 第 11 行第 1 列;第 13 行第 4 列＝表 A105010 第 11 行第 2 列的绝对值。

6.第 14 行第 1 列＝表 A105050 第 13 行第 1 列;第 14 行第 2 列＝表 A105050 第 13 行第 4 列;若表 A105050 第 13 行第 5 列≥0,填入第 14 行第 3 列;若表 A105050 第 13 行第 5 列＜0,将绝对值填入第 14 行第 4 列。

7.若表 A105060 第 12 行≥0,填入第 16 行第 3 列,若表 A105060 第 12 行＜0,将绝对值填入第 16 行第 4 列。

8.第 17 行第 1 列＝表 A105070 第 20 行第 2＋6 列;第 17 行第 2 列＝表 A105070 第 20 行第 4 列;第 17 行第 3 列＝表 A105070 第 20 行第 7 列。

9.第 25 行第 3 列＝表 A105040 第 7 行第 11 列。

10.第 31 行第 1 列＝表 A105080 第 27 行第 2 列;第 31 行第 2 列＝表 A105080 第 27 行第 5＋6 列;若表 A105080 第 27 行第 9 列≥0,填入第 31 行第 3 列,若表 A105080 第 27 行第 9 列＜0,将绝对值填入第 31 行第 4 列。

11.第 33 行第 1 列＝表 A105090 第 14 行第 1 列;第 33 行第 2 列＝表 A105090 第 14 行第 2 列;若表 A105090 第 14 行第 3 列≥0,填入第 33 行第 3 列,若表 A105090 第 14 行第 3 列＜0,将绝对值填入第 33 行第 4 列。

12.第 36 行第 1 列＝表 A105100 第 14 行第 1＋4 列;第 36 行第 2 列＝表 A105100 第 14 行第 2＋5 列;若表 A105100 第 14 行第 7 列≥0,填入第 36 行第 3 列,若表 A105100 第 14 行第 7 列＜0,将绝对值填入第 36 行第 4 列。

13.若表 A105110 第 24 行≥0,填入第 37 行第 3 列,若表 A105110 第 24 行＜0,将绝对值填入第 37 行第 4 列。

14.第 38 行第 1 列＝表 A105120 第 30 行第 1 列;第 38 行第 2 列＝表 A105120 第 30 行第 2 列;若表 A105120 第 30 行第 3 列≥0,填入第 38 行第 3 列,若表 A105120 第 30 行第 3 列＜0,将绝对值填入第 38 行第 4 列。

15.第 39 行第 2 列＝表 A105010 第 21 行第 1 列;若表 A105010 第 21 行第 2 列≥0,填入第 39 行第 3 列,若表 A105010 第 21 行第 2 列＜0,将绝对值填入第 39 行第 4 列。

16.第 43 行第 3 列＝表 A100000 第 15 行;第 43 行第 4 列＝表 A100000 第 16 行。

17.第 28 行第 3 列＝表 A108010 第 10 行第 16＋17 列。

(二)核定征收企业所得税的纳税实训

建筑业企业 A 公司,纳税人识别号为 37010220090115O3954。2015 年实现营业收入 100 万元,进行企业所得税汇算清缴申报时,公司年度申报表主表中"纳税调整后所得"为 －100 万元。经税务机关核查,A 公司企业所得税不符合查账征收条件,按照《企业所得税核定征收办法》的规定,税务机关对其采取核定应税所得率方式征收企业所得税。假设税务机关规定当地建筑业应税所得率为 8%,预缴所得税 1 万元。

请计算 A 公司应纳企业所得税,填写纳税申报表。

中华人民共和国企业所得税月(季)度和年度纳税申报表(B类)

税款所属期间: 年 月 日至 年 月 日

纳税人识别号:☐☐☐☐☐☐☐☐☐☐☐☐☐☐☐

纳税人名称: 金额单位:人民币元(列至角分)

项 目			行次	累计金额
一、以下由按应税所得率计算应纳所得税额的企业填报				
应纳税所得额的计算	按收入总额核定应纳税所得额	收入总额	1	
		减:不征税收入	2	
		免税收入	3	
		其中:国债利息收入	4	
		地方政府债券利息收入	5	
		符合条件居民企业之间股息红利等权益性收益	6	
		符合条件的非营利组织收入	7	
		其他免税收入:	8	
		应税收入额(1行-2行-3行)	9	
		税务机关核定的应税所得率(%)	10	
		应纳税所得额(9行×10行)	11	
	按成本费用核定应纳税所得额	成本费用总额	12	
		税务机关核定的应税所得率(%)	13	
		应纳税所得额[12行÷(100%-13行)×13行]	14	
应纳所得税额的计算		税率(25%)	15	
		应纳所得税额(11行×15行或14行×15行)	11	
应补(退)所得税额的计算		减:符合条件的小型微利企业减免所得税额	17	
		其中:减半征税	18	
		已预缴所得税额	19	
		应补(退)所得税额(16行-17行-19行)	20	
二、以下由税务机关核定应纳所得税额的企业填报				
税务机关核定应纳所得税额			14	

谨声明:此纳税申报表是根据《中华人民共和国企业所得税法》《中华人民共和国企业所得税法实施条例》和国家有关税收规定填报的,是真实的、可靠的、完整的。

法定代表人(签字): 年 月 日

纳税人公章:	代理申报中介机构公章:	主管税务机关受理专用章:
会计主管:	经办人:	受理人:
	经办人执业证件号码:	
填表日期: 年 月 日	代理申报日期: 年 月 日	受理日期:年 月 日

国家税务总局监制

中华人民共和国企业所得税月(季)度预缴和年度纳税申报表(B类,2015年版)填报说明

一、适用范围

本表由实行核定征收企业所得税的纳税人在月(季)度申报缴纳企业所得税时使用。实行核定应税所得率方式的纳税人,年度汇算清缴使用本表。

二、表头项目

1.“税款所属期间”:为税款所属期月(季)度第一日至所属期月(季)度最后一日。

年度中间开业的,“税款所属期间”为当月(季)开始经营之日至所属月(季)度的最后一日。次月(季)度起按正常情况填报。

2.“纳税人识别号”:填报税务机关核发的税务登记证件号码(15位)。

3.“纳税人名称”:填报税务机关核发的税务登记证件中的纳税人全称。

三、具体项目填报说明

(一)应纳税所得额的计算

1.本表第1行至第11行由“按收入总额核定应纳税所得额”的纳税人填写。第1行“收入总额”:填写本年度累计取得的各项收入金额。

2.第2行“不征税收入”:填报纳税人计入收入总额但属于税收规定不征税的财政拨款、依法收取并纳入财政管理的行政事业性收费以及政府性基金和国务院规定的其他不征税收入。

3.第3行“免税收入”:填报纳税人计入利润总额但属于税收规定免税的收入或收益。第3行填报4行+5行+6行+7行+8行的合计数。

4.第4行“国债利息收入”:填报纳税人持有国务院财政部门发行的国债取得的利息收入。

5.第5行“地方政府债券利息收入”:填报纳税人持有地方政府债券利息收入。

6.第6行“符合条件居民企业之间股息红利等权益性收益”:填报本期发生的符合条件的居民企业之间的股息、红利等权益性投资收益情况。不包括连续持有居民企业公开发行并上市流通的股票不足12个月取得的投资收益。

7.第7行“符合条件的非营利组织的收入”:根据《财政部 国家税务总局关于非营利组织企业所得税免税收入问题的通知》(财税〔2009〕122号)等规定,符合条件并依法履行登记手续的非营利组织,填报取得的捐赠收入等免税收入,不包括营利性收入。

8.第8行“其他免税收入”:填报国家税务总局发布的最新减免项目名称及减免性质代码。

9.第9行“应税收入额”:根据相关行次计算填报。第9行=第1行-2行-3行。

10.第10行“税务机关核定的应税所得率”:填报税务机关核定的应税所得率。

11.第11行“应纳税所得额”:根据相关行次计算填报。第11行=第9行×10行。

12.本表第12行至第14行由“按成本费用核定应纳税所得额”的纳税人填报。第12行“成本费用总额”:填写本年度累计发生的各项成本费用金额。

13.第13行“税务机关核定的应税所得率”:填报税务机关核定的应税所得率。

14.第14行“应纳税所得额”:根据相关行次计算填报。第14行=第12行÷(100%-第13行“应税所得率”)×第13行。

(二)应纳所得税额的计算

1.第15行“税率”:填写企业所得税法规定的25%税率。

2.第16行“应纳所得税额”:

(1)按照收入总额核定应纳税所得额的纳税人,第16行=第11行×15行。

(2)按照成本费用核定应纳税所得额的纳税人,第16行=第14行×15行。

(三)应补(退)所得税额的计算

1.第17行"减:符合条件的小型微利企业减免所得税额":根据企业所得税法和相关税收政策规定,符合小型微利企业条件的纳税人填报的减免所得税额。包括减按 20%税率征收(减低税率政策)和减按 10%税率征收(减半征税政策)。

享受减低税率政策的,本行填写本表第 11 行或第 14 行×5%的积。

享受减半征税政策的,本行填写本表第 11 行或第 14 行×15%的积;同时填写第 18 行"减半征税"。

2.第 19 行"已预缴所得税额":填报当年累计已经预缴的企业所得税额。

3.第 20 行"应补(退)所得税额":根据相关行计算填报。第 20 行=第 16 行-17 行-19 行。当第 20 行≤0 时,本行填 0。

(四)由税务机关核定应纳所得税额的企业填报

第 21 行"税务机关核定应纳所得税额":填报税务机关核定本期应当缴纳的所得税额(小型微利企业填报核减减免税额之后的数额)。税务机关统计小型微利企业减免税时,按照该行次数额,根据情况倒算减免税数额。

(五)小型微利企业判定信息的填报

1.预缴申报时本栏次为必填项目,填写"是否属于小型微利企业"。

(1)核定应税所得率征收的纳税人:

①纳税人上一纳税年度汇算清缴符合小型微利企业条件的,本年预缴时,选择"是",预缴累计会计利润不符合小微企业条件的,选择"否"。

②本年度新办企业,"资产总额"和"从业人数"符合规定条件,选择"是",预缴累计会计利润不符合小微企业条件的,选择"否"。

③上年度"资产总额"和"从业人数"符合规定条件,应纳税所得额不符合小微企业条件的,预计本年度会计利润符合小微企业条件,选择"是",预缴累计会计利润不符合小微企业条件,选择"否"。

④纳税人第 1 季度预缴所得税时,鉴于上一年度汇算清缴尚未结束,可以按照上年度第 4 季度预缴情况选择"是"或"否"。

⑤不符合小型微利企业条件的,选择"否"。

(2)核定应纳税额的纳税人:

核定定额征收纳税人,换算应纳税所得额大于 30 万的填"否",其余填"是"。

2.年度申报时填写小型微利企业相关指标,本栏次为必填项目。

(1)"所属行业":填写"工业"或者"其他"。工业企业包括:采矿业、制造业、电力、燃气及水的生产和供应业;除工业以外的行业填写"其他"。

(2)"从业人数":指与企业建立劳动关系的职工人数,以及企业接受劳务派遣用工人数之和。从业人数填报纳税人全年季度平均从业人数,具体计算公式如下:

季度平均值=(季初值+季末值)÷2

全年季度平均从业人数=全年各季度平均值之和÷4

(3)"资产总额":填报纳税人全年季度资产总额平均数,计算方法同"从业人数"口径,资产总额单位为万元,小数点后保留两位小数。

(4)"国家限制和禁止行业":纳税人从事国家限制和禁止行业,选择"是",其他选择"否"。

四、表内表间关系

1.第 9 行=第 1 行-第 2 行-第 3 行。

2.第 11 行=第 9 行×第 10 行。

3.第 14 行=第 12 行÷(100%-第 13 行)×第 13 行。

4.第 16 行=第 11 行(或第 14 行)×第 15 行。

5.第 17 行=第 11 行或第 14 行×15%(或 5%)的积。

6.第 20 行=第 16 行-第 17 行-第 19 行。当第 20 行≤0 时,本行填 0。

项目十

个人所得税纳税实训

一、基本技能实训

(一)单项选择题

1.从公历1月1日起至12月31日止,居住在中国境内的外国人,在一个纳税年度内,一次离境不超过(   )日的,应被视为全年在中国境内居住,从而被判定为居民纳税义务人。

A.30 B.45 C.60 D.90

2.在我国境内无住所且在境内居住不满一年的个人,应(   )。

A.就来源于中国境内、外的所得纳税

B.仅就来源于中国境内的所得纳税

C.仅就来源于中国境外的所得纳税

D.不负有个人所得税纳税义务

3.下列各项所得中,适用于加成征税规定的是(   )。

A.劳务报酬所得

B.偶然所得

C.稿酬所得

D.个体工商户生产经营所得

4.下列个人所得在计算应纳税所得额时,采用定额与定率相结合扣除费用的是(   )。

A.工资薪金所得

B.个体工商户的生产经营所得

C.偶然所得

D.劳务报酬所得

5.王某的一篇论文被编入某论文集出版,取得稿酬5 000元,当年因添加印数又取得追加稿酬2 000元。上述王某所获稿酬应缴纳的个人所得税为(   )。

A.728元   B.784元

C.812元   D.868元

6.韩国居民崔先生受其供职的境外公司委派,来华从事设备安装调试工作,在华停留60天,期间取得境外公司支付的工资40 000元,取得中国体育彩票中奖收入20 000元。崔先生应在中国缴纳个人所得税(   )。

A.4 000元   B.5 650元

C.9 650元   D.10 250元

7.个人所得税的纳税义务人不包括(   )。

A.国有独资企业   B.个人独资企业投资者

C.合伙企业合伙人   D.股份有限公司总经理

8.下列各项中,使用超额累进税率计征个人所得税的是(   )。

A.个体工商户的生产经营所得   B.财产租赁所得

C.特许权使用费所得   D.稿酬所得

9.下列稿酬所得在确定应纳税所得额时,可以看作两次所得征税的是(   )。

A.同一作品在报刊上连载,分次取得的稿酬

B.同一作品再版取得的稿酬

C.同一作品出版社分三次支付的稿酬

D.同一作品出版后加印而追加的稿酬

10.根据个人所得税法律制度规定,个人将其所得通过中国境内社会团体、国家机关向教育、公益事业和遭受严重灾害地区、贫困地区的捐赠,捐赠额不超过应纳税所得额的一定比例的部分,可以从其应纳税所得额中扣除。该比例为(   )。

A.3%   B.10%   C.30%   D.全额扣除

(二)多项选择题

1.下列属于劳务报酬所得的有(   )。

A.笔译翻译收入   B.审稿收入   C.现场书画收入   D.雕刻收入

2.下列项目中计征个人所得税时,允许从总收入中减除费用800元的有(   )。

A.稿费3 500元

B.在有奖销售中一次性获奖2 000元

C.提供咨询服务一次取得收入3 000元

D.转让房屋收入100 000元

3.下列各项所得在计算应纳税所得额时不允许扣减任何费用的有(   )。

A.偶然所得   B.特许权使用费所得

C.财产租赁所得   D.利息、股息所得

4.下列各项中,适用 5%～35% 的五级超额累进税率征收个人所得税的有(　　)。

A.个体工商户的生产经营所得

B.合伙企业的生产经营所得

C.个人独资企业的生产经营所得

D.对企事业单位的承包经营、承租经营所得

5.根据现行税法规定,下列所得可以免征个人所得税的有(　　)。

A.购买国家债券取得的利息

B.个人出售已购公有住房的收入

C.个人取得的教育储蓄存款利息所得

D.个人出租自有居住用房的收入

6.下列情形中,纳税人必须自行向税务机关申报所得并缴纳税款的有(　　)。

A.取得应税所得而没有扣缴义务人的

B.年所得在 12 万元以上的

C.在中国境内从两处或两处以上取得工资、薪金所得的

D.分笔取得属于一次劳务报酬所得的

7.下列人员为个人所得税的居民纳税义务人的有(　　)。

A.在中国境内有住所的个人

B.具有中国国籍的国内公民

C.在中国境内定居的外国侨民

D.在中国境内无居所不满一年的外籍人员

8.下列各项中,可暂免征收个人所得税的所得有(　　)。

A.外籍个人按合理标准取得的出差补贴

B.残疾人从事个体工商业生产经营所得

C.个人举报违法行为而获得的奖金

D.外籍个人从外商投资企业取得的股息

9.下列个人所得在计算个人所得税应纳税所得额时,可计算征收的有(　　)。

A.对企事业单位的承包、承租经营所得　B.财产转让所得

C.个体工商户的生产经营所得　　　　　D.工资薪金所得

10.下列项目中,免征个人所得税的有(　　)。

A.个人按规定标准取得的拆迁补偿款

B.单位为职工个人购买商业性补充养老保险

C.个人取得 1 000 元的单张发票奖金

D.保险赔款

(三)判断题

1.个人独资企业实际发生的工会经费、职工福利费、职工教育经费分别在其计税工资总额的 2%、14%、2.5% 的标准内据实扣除。　　　　　　　　　　　　　　　(　　)

2.劳务报酬所得是指个人从事各种雇佣劳动取得的所得。 （　　）

3.在中国境内的外商投资企业和外国企业中工作取得工资、薪金所得的外籍人员减除费用标准为每月 4 800 元。 （　　）

4.个人领取原提存的住房公积金、医疗保险金、基本养老保险金,均免予征收个人所得税。 （　　）

5.歌星刘某一次取得表演收入 40 000 元,拿出 10 000 元通过非营利性机构捐赠给希望小学,刘某应纳个人所得税为 4 600 元。 （　　）

6.个人所得税的纳税人从中国境外取得的所得,仅区别不同国家或地区,依我国税法规定扣除标准和税率计算扣除限额。 （　　）

7.个体工商户向实际经营所在地主管税务机关申报。 （　　）

8.中国公民从境外取得所得的不需要自行纳税申报。 （　　）

9.个体工商企业计提的各种准备金不得扣除。 （　　）

10.对企事业单位承包经营、承租经营所得的纳税年度收入总额包括承包人个人工资,但不包括上缴的承包费。 （　　）

二、业务技能实训

1.歌星张某是甲歌舞团的在职演员,2015 年度 1~12 月的个人所得情况如下:

(1)每月取得工资收入 2 000 元,全年共计 24 000 元;参加所在甲歌舞团组织的活动,每月演出一次,每次收入 5 000 元(含税),个人所得税已由所在歌舞团按工资薪金所得代扣代缴。

(2)取得保险公司个人财产保险赔款 9 000 元。

(3)取得借给乙公司借款的利息 60 000 元,该公司未代扣代缴个人所得税。

(4)将自有不需用的房屋一栋转让给丙公司,经协商转让价格为 360 000 元,该房屋的原值为 250 000 元,转让过程中发生转让税费 5 400 元,丙公司代扣代缴个人所得税。

(5)向丁公司提供一项专有技术,一次性取得含税特许权使用费 50 000 元,丁公司代扣代缴个人所得税。

(6)出版专著一本,获得含税稿酬 12 000 元,出版社代扣代缴个人所得税。

(7)该年度曾出访加拿大,在加拿大到某大学讲学获得收入折合人民币 17 400 元,在加拿大该项所得已纳个人所得税 3 220 元。

(8)该年度曾出访日本,在日本期间通过协商将其专著翻译成日文出版,获得版权收入折合人民币 37 500 元,在日本该项所得已纳个人所得税 3 750 元。

要求:

(1)计算相关单位代扣代缴的个人所得税额并进行账务处理。

(2)计算张某应补缴的个人所得税,并代张某填写纳税申报表(申报日期是 2016 年 2 月 1 日)。

扣缴个人所得税报告表

税款所属期: 　年　月　日 至 　年　月　日

扣缴义务人所属行业: □一般行业 □特定行业 □特定行业月份申报
扣缴义务人名称:
扣缴义务人编码: □□□□□□□□

金额单位:人民币元(列至角分)

序号	姓名	身份证件类型	身份证件号码	所得项目	所得期间	收入额	免税所得	税前扣除项目								减除费用	准予扣除的捐赠额	应纳税所得额	税率%	速算扣除数	应纳税额	减免税额	应缴税额	已扣缴税额	应补(退)税额	备注
								基本养老保险费	基本医疗保险费	失业保险费	住房公积金	财产原值	允许扣除的税费	其他	合计											
1	2	3	4	5	6	7	8	9	10	11	12	13	14	15	16	17	18	19	20	21	22	23	24	25	26	27
合计																										

谨声明:此扣缴报告表是根据《中华人民共和国个人所得税法》及其实施条例和国家有关税收法律法规规定填写的,是真实的、完整的、可靠的。

法定代表人(负责人)签字: 　年　月　日

扣缴义务人公章: 经办人: 填表日期: 　年　月　日	代理机构(人)签章: 经办人: 经办人执业证件号码: 代理申报日期: 　年　月　日	主管税务机关受理专用章: 受理人: 受理日期: 　年　月　日

填表说明：

一、适用范围

本表适用于扣缴义务人办理全员全额扣缴个人所得税申报（包括向个人支付应税所得，但低于减除费用，不需扣缴税款情形的申报），以及特定行业职工工资、薪金所得个人所得税的月份申报。

二、申报期限

次月十五日内。扣缴义务人应于次月十五日内将所扣税款缴入国库，并向税务机关报送本表。扣缴义务人不能按规定期限报送本表时，应当按照《中华人民共和国税收征收管理法》及其实施细则有关规定办理延期申报。

三、本表各栏填写如下

（一）表头项目

1.税款所属期：为税款所属月份第一日至最后一日。

2.扣缴义务人名称：填写实际支付个人所得（个人）的法定名称全称或姓名。

3.扣缴义务人编码：填写办理税务登记或扣缴登记时，由主管税务机关所确定的扣缴义务人税务编码。

4.扣缴义务人所属行业：扣缴义务人按以下两种情形在对应框内打"√"。

（1）一般行业：是指《中华人民共和国个人所得税法》及其实施条例所规定的特定行业以外的其他所有行业。

（2）特定行业：指符合《中华人民共和国个人所得税法》及其实施条例所规定的采掘业、远洋捕捞业、远洋运输业以及国务院财政、税务主管部门确定的其他行业。

（二）表内各栏

1.一般行业的填写

（1）第2列"姓名"：填写纳税人姓名。中国境内无住所个人，其姓名应当用中、外文同时填写。

（2）第3列"身份证件类型"：填写能识别纳税人唯一身份的有效证件的名称。

①在中国境内有住所的个人，填写身份证、军官证、士兵证等证件名称。

②在中国境内无住所的个人，如果税务机关已赋予18位纳税人识别号的，填写"税务机关赋予"；如果税务机关未赋予的，填写护照、港澳居民来往内地通行证、台湾居民来往大陆通行证等证照名称。

（3）第4列"身份证件号码"：填写能识别纳税人唯一身份证的号码。

①在中国境内有住所的纳税人，填写身份证、军官证、士兵证等证件上的号码。

②在中国境内无住所的纳税人，如果税务机关赋予18位纳税人识别号的，填写该号码；没有，则填写护照、港澳居民来往内地通行证、台湾居民来往大陆通行证等证照上的号码。

税务机关赋予境内无住所个人的 18 位纳税人识别号,作为其唯一身份识别码,由纳税人到主管税务机关办理初次涉税事项,或扣缴义务人到主管税务机关办理该次涉税人初次扣缴申报时,由主管税务机关赋予。

(4)第 5 列"所得项目":按照税法第二条规定的项目填写。同一纳税人有多项所得的,分行填写。

(5)第 6 列"所得期间":填写扣缴义务人支付所得的时间。

(6)第 7 列"收入额":填写纳税人实际取得的全部收入额。

(7)第 8 列"免税所得":是指税法第四条规定可以免税的所得。

(8)第 9 列至第 16 列"税前扣除项目":是指按照税法及其他法律法规规定,可在税前扣除的项目。

(9)第 17 列"减除费用":是指税法第六条规定可以在税前扣除的费用。没有的,则不填。

(10)第 18 列"准予扣除的捐赠额":是指按照相关条例和相关税收政策规定,可以在税前扣除的捐赠额。

(11)第 19 列"应纳税所得额":根据相关列次计算填报。第 19 列=第 7-8-16-17-18 列。

(12)第 20 列"税率"及第 21 列"速算扣除数":按照税法第三条规定填写。部分所得项目没有速算扣除数的,则不填。

(13)第 22 列"应纳税额":根据相关列次计算填报。第 22 列=第 19×20-21 列。

(14)第 23 列"减免税额":是指符合税法规定可以减免的税额。其中,纳税人取得"稿酬所得"时,其根据税法第三条规定可按应纳税额减征的 30%,填入此栏。

(15)第 24 列"应扣缴税额":根据相关列次计算填报。第 24 列=第 22-23 列。

(16)第 25 列"已扣缴税款":是指本月实际扣缴的个人所得税款。

(17)第 26 列"应补(退)税额":根据相关列次计算填报。第 26 列=第 24-25 列。

(18)第 27 列"备注":填写非本单位雇员,非本期实际收入额及其他有关说明事项。

(19)对不是按月发放的工资薪金所得,其适用"工资、薪金所得"个人所得税的填报,则不完全按照上述逻辑关系填写:

2.特定行业月份申报的填写

(1)第 2 列至第 6 列的填写:同上"一般行业"的填写。

(2)第 7 列至第 19 列、第 22 列至第 26 列的数据口径和同上"一般行业"对应项目。金额按以下原则填写:

①第 7 列"收入额":是指本月实际扣缴的个人所得税的全部收入额。

②第 8 列"免税所得":填写当月实际发生额。

③第 17 列"减除费用":是指税法第六条规定可以在税前减除的费用额。没有的,则不填。

④第 18 列"准予扣除的捐赠额":是指准予扣除的捐赠额,按纳税人捐赠月份的实际收入额来计算。

⑤第 19 列"应纳税所得额":根据相关列次计算填报。第 19 列=第 7-8-16-17-18 列。

⑥第 20 列"税率"及第 21 列"速算扣除数":按照税法第三条规定填写。

⑦第 22 列"应纳税额":特定行业个人所得税月份申报时,"应纳税额"为预缴所得税额。根据相关列次计算填报。第 22 列=第 19×20-21 列。

个人所得税自行纳税申报表（A表）

税款所属期：　年　月　日至　年　月　日

金额单位：人民币元（列至角分）

姓名		国籍（地区）		身份证件类型		身份证件号码	

自行申报情形：□从中国境内两处或者两处以上取得工资、薪金所得　□没有扣缴义务人　□其他情形

任职受雇单位名称	所得期间	所得项目	收入额	免税所得	税前扣除项目								减除费用	准予扣除的捐赠额	应纳税所得额	税率%	速算扣除数	应纳税额	减免税额	已缴税额	应补（退）税额
					基本养老保险费	基本医疗保险费	失业保险费	住房公积金	财产原值	允许扣除的税费	其他	合计									
1	2	3	4	5	6	7	8	9	10	11	12	13	14	15	16	17	18	19	20	21	22

谨声明：此表是根据《中华人民共和国个人所得税法》及其实施条例和国家相关法律法规规定填写的，是真实的、完整的、可靠的。

纳税人签字：

代理机构（人）公章：

经办人：

经办人执业证件号码：

代理申报日期：　年　月　日

主管税务机关受理专用章：

受理人：

受理日期：　年　月　日

填表说明：

一、适用范围

本表适用于"从中国境内两处或者两处以上取得工资、薪金所得的""取得应纳税所得，没有扣缴义务人的"，以及"国务院规定的其他情形"的个人所得税申报。纳税人在办理申报时，需要同时附报附件2——《个人所得税基础信息表（B表）》。

二、申报期限

次月十五日内。自行申报纳税人应在此期限内将每月应纳税款缴入国库，并向税务机关报送本表。纳税人不能按规定期限报送本表，应当按照《中华人民共和国税收征收管理法》（以下简称税收征收管理法）及其实施细则有关规定办理延期申报。

三、本表各栏填写如下

（一）表头项目

1. 税款所属期：是指纳税人取得所得应纳个人所得税款的所属期间，应填写具体的起止年、月、日。

2. 姓名：填写纳税人姓名。

3. 国籍（地区）：填写纳税人的国籍或者地区。

4. 身份证件类型：填写能识别纳税人唯一身份的有效证照类型。

（1）在中国境内有住所的个人，填写身份证、军官证、士兵证等证件名称。

（2）在中国境内无住所的个人，如果税务机关已赋予18位纳税人识别号的，填写"税务机关赋予"；如果税务机关未赋予的，填写护照、港澳居民来往内地通行证、台湾居民来往大陆通行证等证照名称。

5. 身份证件号码：填写能识别纳税人唯一身份的号码。

（1）在中国境内有住所的纳税人，填写身份证、军官证、士兵证等证件上的号码。

（2）在中国境内无住所的纳税人，如果税务机关赋予18位纳税人识别号，填写该号码；如果没有，填写护照、港澳居民来往内地通行证、台湾居民来往大陆通行证等证照上的号码。

6. 纳税人识别号：填写纳税人的18位纳税人识别号，作为其唯一身份识别码，由纳税人到主管税务机关办理初次涉税事项或扣缴义务人办理该纳税人初次扣缴申报时，由主管税务机关赋予。

（二）表各栏

纳税人在填写"从中国境内两处或者两处以上取得工资、薪金所得的"时，第1列至第4列需分行列示各任职受雇单位发放的工薪，同时，另起一行在第"取得应纳税所得，没有扣缴义务人的"和"国务院规定的其他情形"时，需分行列示。

4列"收入额"从中国境内两处或者两处以上取得工资、薪金所得的"时，第1列至第4列需分行列示各取得应纳税所得，并在此行此栏填写第5列至第22列。纳税人在填写第5列至第22列上述工薪所得的合计数，并在此行此栏自身情况在对应框内打"√"。

1.第 1 列"任职受雇单位名称":填写纳税人任职受雇单位的名称全称。在多家单位任职受雇的,需分行列示。如果没有,则不填。

2.第 2 列"所得期间":填写纳税人取得所得的起止时间。

3.第 3 列"所得项目":按照税法第二条规定的项目填写。纳税人取得多项所得时,需分行填写。

4.第 4 列"收入额":填写纳税人实际取得的全部收入额。

5.第 5 列"免税所得":是指税法第四条规定可以免税的所得。

6.第 6 列至第 13 列"税前扣除项目":是指按照税法及其他法律法规规定,可在税前扣除的项目。

(1)第 7 列至第 9 列"基本养老保险费""基本医疗保险费""失业保险费""住房公积金"四项,是指按照国家规定,可在个人应纳税所得额中扣除的部分。

(2)第 10 列"财产原值":该栏适用于"财产转让所得"项目的填写。

(3)第 11 列"允许扣除的税费",特许权使用费所得、财产租赁所得可以在税前扣除的税费。
① 适用"劳务报酬所得"时,填写劳务发生过程中实际缴纳的税费;
② 适用"特许权使用费所得"时,填写提供特许权过程中发生的中介等相关税费;
③ 适用"财产租赁所得"时,填写修缮费和出租财产过程中发生的相关税费;

(4)第 12 列"其他":填写转让财产所得其他可以在税前扣除的项目。

(5)第 13 列"合计":为各所得项目对应税前扣除项目的合计数。

7.第 14 列"减除费用":是指税法第六条规定可以在税前扣除定额减除的费用。没有的,则不填。

8.第 15 列"准予扣除的捐赠额":是指按照税法及其实施条例和相关收改政策规定,可以在税前扣除的捐赠额。

9.第 16 列"应纳税所得额":根据相关列次计算报。第 16 列 = 第 4 - 5 - 13 - 14 - 15 列。

10.第 17 列"税率"及第 18 列"速算扣除数":按照税法第三条规定填写。部分所得项目没有速算扣除数的,则不填。

11.第 19 列"应纳税额":根据相关列次计算填报。第 19 列 = 第 16 × 17 - 18 列。

12.第 20 列"减免税额":是指符合税法规定可以减免的税额。其中,纳税人取得"稿酬所得"时,其根据税法第三条规定可按应纳税额减征的 30%,填入此栏。

13.第 21 列"已缴税额":是指纳税人当期已实际被扣缴或缴纳的个人所得税税款。

14.第 22 列"应补税(退)税额":根据相关列次计算填报。第 22 列 = 第 19 - 20 - 21 列。

个人所得税自行纳税申报表（B表）

税款所属期：　年　月　日至　年　月　日　　填表日期：　年　月　日

金额单位：人民币元（列至角分）

姓名：　　　　　　身份证件类型：

国籍（地区）：　　身份证件号码：

所得来源国（地区）	所得项目	收入额	税前扣除项目								减除费用	准予扣除的捐赠额	应纳税所得额	工资、薪金所得项目月应纳税所得额	税率%	速算扣除数	应纳税额
			基本养老保险费	基本医疗保险费	失业保险费	住房公积金	财产原值	允许扣除的税费	其他	合计							
1	2	3	4	5	6	7	8	9	10	11	12	13	14	15	16	17	18

本期应缴税额计算	国别（地区）	扣除限额	境外已纳税额	五年内超过扣除限额未补扣余额	本期应补缴税额	未扣除余额
	19	20	21	22	23	24

谨声明：此表是根据《中华人民共和国个人所得税法》及其实施条例和国家相关法律法规规定填写的，是真实的、完整的、可靠的。

纳税人签字：　　　　　　　　　　主管税务机关受理专用章：

　　　　　　　　　　　　　　　　受理人：

　　　　年　月　日　　　　　　　　　年　月　日

代理机构（人）签章：

经办人：

经办人执业证件号码：

国家税务总局监制

填表说明:

一、适用范围

本表适用于"从中国境外取得所得"的纳税人的纳税申报。纳税人在办理申报时,需要同时附报附件2——《个人所得税基础信息表(B表)》。

二、申报期限

年度终了后三十日内。取得境外所得的纳税人应在该期限内将应纳税款缴入国库,并向税务机关报送本表。纳税人不能按规定期限报送本表时,应当按照《中华人民共和国税收征收管理法》(以下简称税收征管法)及其实施细则的规定办理延期申报。

三、所得为外国货币的,应按照税法条例第四十三条规定折合成人民币而计算纳税。

四、本表各栏填写如下

(一)表头项目

1.税款所属期:是指纳税人取得应个人所得税个人,其所属期间的所属期间,应填写具体的起止年,月,日。

2.姓名:填写纳税人姓名。中国境内无住所个人,其姓名应当用中、外文同时填写。

3.国籍(地区):填写纳税人的国籍或者地区。

4.身份证件类型:填写能识别纳税人唯一身份的有效证照名称。

(1)在中国境内有住所的个人,填写身份证、军官证、士兵证等证件名称。

(2)在中国境内无住所的个人,如果税务机关已赋予18位纳税人识别号的,填写"税务机关赋予";如果税务机关未赋予的,填写护照,港澳居民来往内地通行证,台湾居民来往大陆通行证等证照名称。

5.身份证件号码:填写能识别纳税人唯一身份的号码。

(1)在中国境内有住所的纳税人,填写身份证、军官证、士兵证等证件上的号码。

(2)在中国境内无住所的纳税人,如果税务机关赋予18位纳税人识别号的,填写该号码;如果没有,填写护照,港澳居民来往内地通行证,台湾居民来往大陆通行证等证照上的号码。

税务机关赋予境外个人的18位纳税人识别号,作为其唯一身份识别码,由纳税人到主管税务机关办理初次涉税事项,或扣缴义务人办理该纳税人初次扣缴申报时,由主管税务机关赋予。

(二)表内各栏

1.第1列"所得来源国(地区)":填写纳税人取得所得的国家或地区。

2.第2列"所得项目":按照税法第二条规定的项目,分行填写。

除此之外其他项目,应区别不同国家或者地区和不同所得项目填报。其中,在填报"工资、薪金所得""个体工商户的生产经营所得"等项目时,按年填写。纳税人有多项所得时,分行填写。

3. 第3列"收入额":填写纳税人取得的、未减除任何免税所得和费用的实际含税收入额。其中,"工资、薪金所得"项目的收入额,为全年收入额;纳税人的境外所得按照本所得项目规定交付给本单位的部分,凡能提供有效凭证的,经主管税务机关审核后,允许从其境外所得中扣除。

4. 第4列至第11列"税前扣除项目":

(1) 第4列至第7列"基本养老保险费""基本医疗保险费""失业保险费""住房公积金"四项,是指按照国家规定,可在个人应纳税所得额中扣除的部分。本表中填写该纳税人缴纳该费(金)的全年汇总额。

(2) 第8列"财产原值":该栏适用于"财产转让所得"项目的填写。

(3) 第9列"允许扣除的税费":

① 适用"劳务报酬所得"时,填写劳务发生过程中实际缴纳的税费;

② 适用"特许权使用费所得"时,填写提供特许权的过程中发生的中介费和相关税费;

③ 适用"财产租赁所得"时,填写修缮费和出租财产过程中发生的相关税费;

④ 适用"财产转让所得"时,填写转让财产过程中发生的合理税费。

(4) 第10列"其他":是指法律法规规定其他可以在税前扣除的项目。

(5) 第11列"合计":为税前扣除项目对应扣除项目的合计数。

5. 第12列"减除费用":是指税法第六条规定可在计税前减除的费用。没有则不写。其中,工资、薪金所得项目的减除费用为全年合计额。

6. 第13列"准予扣除的捐赠额":是指按照税法及其实施条例和相关税收政策规定,可以在税前扣除的捐赠额。

7. 第14列"应纳税所得额":根据相关列次计算填报。

8. 第15列"工资、薪金所得应纳税所得额":该项仅适用于所得项目为"工资、薪金所得"时填写。其他所得项目不填。第15列=第14列÷12个月。

9. 第16列"税率"及第17列"速算扣除数":按照税法规定不同国家或者地区和不同所得项目,部分所得项目,依照税法第三条规定填写。

10. 第18列"应纳税额":是指纳税人区别不同国家或者地区和适用税率计算的应纳税额。第18列=第(15×16－17)列×12个月。第18列=第14列×16－17列,分行填写。

11. "本期应缴税额计算"栏:

(1) 第20列"扣除限额":是指同一国家或者地区内,不同所得项目的个人所得税。

(2) 第21列"境外已纳税额":是指纳税人在境外实际已经缴纳的个人所得税。

(3) 第22列"五年内超过扣除限额未补扣余额":是指纳税额以前五年内超过该国或者地区扣除限额,未进行补扣的部分。

(4) 第23列"本期应补缴税额":依据前列计算结果填写。

① 若第20列≥第21列,且第20列－22列≥0,将结果写入第23列。第23列=第20－21－22列。

② 若第20列≥第21列,且第20列－22列<0,将结果写入第24列。第24列=第21＋22－20列。

③ 若第20列<第21列,则将结果写入第24列。第24列=第21＋22－20列。

2.小李是个体工商户,平时除了经营自己在 A 市 B 区开的服装店外,还经营该市 C 区的另一家服装店。2015 年,小李共有以下几项收入:

(1)B 区服装店全年营业收入 120 000 元,与经营有关的可在税前扣除的成本 50 000 元、费用 20 000 元、营业外支出 5 000 元,预缴个人所得税 3 200 元。

(2)C 区服装店全年营业收入 180 000 元,与经营有关的可在税前扣除的费用 78 000 元,预缴个人所得税 25 000 元。

(3)为 M 服装厂设计服装三次,分别于 3 月、7 月、11 月取得设计费 3 800 元、28 000 元、63 000 元,扣缴个人所得税 600 元、4 720 元、13 160 元。

要求:

(1)计算小李 2015 年应纳个人所得税。

(2)代小李填写生产经营所得投资者个人所得税汇总纳税申报表进行纳税申报。

生产经营所得投资者个人所得税汇总申报表

税款所属期:　　年　月　日至　　年　月　日　　　　金额单位:人民币元(列至角分)

投资者信息	姓名	身份证件类型	身份证件号码							
	国籍(地区)		纳税人识别号							
项目	被投资单位编号	被投资单位名称	被投资单位纳税人识别号	分配比例	行次		金额			
一、应汇总申报的各被投资单位的应纳税所得额	1.汇缴地									
	2.其他									
	3.其他									
	4.其他									
	5.其他									
	6.其他									
	合计				7					
二、应调增的投资者减除费用					8					
三、调整后应纳税所得额					9					
四、税率					10					
五、速算扣除数					11					
六、应纳税额					12					
七、本企业经营所得占各企业经营所得总额的比重(%)					13					
八、本企业应纳税额					14					
九、减免税额					15					
十、全年应缴税额					16					
十一、全年已预缴税额					17					
十二、应补(退)税额					18					

谨声明:此表是根据《中华人民共和国个人所得税法》及其实施条例和国家相关法律法规规定填写的,是真实的、完整的、可靠的。

纳税人签字:　　　　　　　　年　月　日

代理机构(人)签章:经办人:经办人执业证件号码:	主管税务机关受理专用章:受理人:
代理申报日期:　年　月　日	受理日期:　年　月　日

国家税务总局监制

填表说明：

一、适用范围

本表适用于个体工商户、承包承租企事业单位、个人独资企业、合伙企业投资者在中国境内两处或者两处以上取得"个体工商户的生产经营所得"和"对企事业单位的承包经营、承租经营所得"的，同项所得合并计算纳税的个人所得税年度汇总纳税申报。纳税人在办理申报时，需要同时附报附件2——《个人所得税基础信息表（B表）》。

二、申报期限

年度终了后三个月内。纳税人不能按规定期限报送本表时，应当按照《中华人民共和国税收征收管理法》（以下简称税收征管法）及其实施细则的规定办理延期申报。

三、本表各栏填写如下

（一）表头项目

税款所属期：填写纳税人取得所得应纳个人所得税款的所属期间，填写具体起止年、月、日。

（二）投资者信息：填写个体工商户业主、承包承租经营者、个人独资企业投资者、合伙企业合伙人的相关信息。

1.姓名：填写纳税人姓名。中国境内无住所个人，其姓名应当用中、外文同时填写。

2.身份证件类型：填写能识别纳税人唯一身份的有效证照名称。

（1）在中国境内有住所的个人，填写身份证、军官证、士兵证等有效证照名称。

（2）在中国境内无住所的个人，填写护照、港澳居民来往内地通行证、台湾居民来往大陆通行证等证照名称。

（3）身份证件号码：填写纳税人身份证件上的号码。

3.国籍（地区）：填写纳税人的国籍或者地区。

4.纳税人识别号：在中国境内无住所的个人填写，有住所的个人则不填写。该栏填写税务机关赋予的18位纳税人识别号。税务机关未赋予的，不填写。

税务机关赋予境内无住所个人的18位纳税人识别号，作为其唯一身份识别码，由纳税人到主管税务机关办理初次涉税事项，或扣缴义务人办理该纳税人初次扣缴申报时，由主管税务机关赋予。

（三）表内各栏

1."应汇总申报的各被投资单位的应纳税所得额"栏：填写投资者从其各投资单位取得的年度应纳税所得额，需分行填写。其中，第1行填写汇算清缴地被投资单位的相关信息及数据；第7行填写合计数。

2.第8行"应调增的投资者减除费用"：填写按照税法规定在汇总计算多个投资单位应纳税所得额时，被多扣除、需调整增加应纳税所得额的投资者生计减除费用标准。

注：按照税法规定，投资者的生产经营所得只能扣除一次减除费用。由于各投资单位在计算应纳税所得额时均扣除了减除费用，故填写本表时，应在本栏就第一项填写的 N 个被投资单位的应纳所得额，调增（N−1）个减除费用。该减除费用自 2011 年 9 月 1 日起执行 42 000 元/年标准。即该栏填写（N−1）×42 000 元/年。以后按国家政策规定标准执行。

3.第9行"调整后应纳税所得额"：按相关列次计算填写。第9行=第7+8行。

4.第10行"税率"及第11行"速算扣除数"：按照税法第三条规定，根据第9行计算出来的数额进行查找。

5.第12行"应纳税额"：根据相关列次计算填写。第12行=第9×10−11行。

6.第13行"本企业经营所得占各企业经营所得总额的比重"及第14行"本企业应纳税额"：投资者兴办的两个或两个以上的企业全部是个人独资性质的，填写本栏；其他情形则不填。

（1）第13行：填写申报地被投资企业经营所得占纳税人投资各应汇总纳税企业经营所得的比重。

第 13 行＝第 1÷7 行。

（2）第 14 行：根据相关栏次计算。第 14 行＝第 12×13 行。

7.第 15 行"减免税额"：是指符合税法规定可以减免的税额。

8.第 16 行"全年应缴税额"：根据相关栏次计算。

（1）投资者兴办的两个或两个以上的企业全部是个人独资性质的,第 16 行＝第 14－15 行。

（2）其他情形,第 16 行＝第 12－15 行。

9.第 17 行"全年已预缴税额"：填写纳税人已预缴的个人所得税。

10.第 18 行"应补（退）税额"：按相关栏次计算填写。第 18 行＝第 16－17 行。

参考文献

[1] 吕献荣.税收实务.北京:清华大学出版社,2011

[2] 梁伟样.企业纳税实务.北京:清华大学出版社,2009

[3] 李其素、杨应杰.新编企业纳税会计实训.大连:大连理工大学出版社,2010

[4] 史新浩、李淑琴.税务核算与申报实训.北京:高等教育出版社,2013

[5] 国家税务总局网站 www.chinatax.gov.cn

[6] 中华会计网校 www.chinaacc.com